EL MURO DEL YO

EL MURO DEL YO

Consejos budistas
para liberarte
del sufrimiento
y vivir con serenidad

Gensho Taigu

Grijalbo

El muro del yo
Consejos budistas para liberarte del sufrimiento y vivir con serenidad

Título original: Jibun to Iu Kabe Jibun no Kokoro ni Furimawasarenai 29 no Hoho
(自分という壁 自分の心に振り回されない29の方法)

Primera edición: julio, 2025

ISBN: 978-607-386-113-7

Impreso en México – Printed in Mexico
Este libro se terminó de imprimir en el mes de julio del 2025,
en los talleres de Offset Santiago S.A. de C.V.

Índice

Prefacio

Es un gusto saludarte por este medio. Mi nombre es Gensho Taigu. Soy el abad del templo Daisozan Fukugonji en la ciudad de Komaki, de la prefectura de Aichi, en Japón. También atiendo consultas por diversos medios como YouTube.

"Solo suceden cosas que me hacen sufrir".
"Aún me arrepiento por algo del pasado".
"No sé para qué vivo, me quiero morir".

Recibo este tipo de consultas de todo Japón. Actualmente hay más de 2500 personas en la lista de espera para recibir una respuesta, y aumentan cada vez más.

Eso me hizo darme cuenta de que hay mucha gente que sufre o siente dificultades para vivir en nuestra sociedad moderna.

Al acompañar a todo tipo de personas en sus diversos problemas, he notado algo clave: que todos los sufrimientos provienen *de un mismo lugar*, pero la gente no se da cuenta de ello.

Te anticipo la conclusión: todos los sufrimientos que se tienen y se sienten en el corazón nacen de la ilusión creada por tu propia mente. Allí no tiene nada que ver ninguna otra persona. Seguramente habrá quien opine lo contrario a lo que afirmo:

"No es cierto. La culpa es de mi malvado jefe en el trabajo".
"Es mi esposo. Él me ha sido infiel. ¿Por qué sería yo la mala?".

Piénsalo por un momento. "El malvado jefe" o "el esposo infiel" simplemente fueron los detonadores. Los sufrimientos resultantes surgieron de la propia mente.

Entonces, ¿qué se puede hacer? ¿Acaso nada? Posiblemente pienses así, pero no te preocupes.

El budismo te puede ayudar.

Quizá haya gente que se confunda al pensar que *creer en Buda nos salvará*, pero no es así. Buda significa “quien ha despertado a la verdad”; así se le llamó a Siddhartha Gautama después del Despertar. En este libro me referiré a él simplemente como Buda.

El tema central del budismo es la mente. Enfrentar nuestra propia mente, observar plenamente sus movimientos y reacciones, analizar objetivamente nuestros cambios emocionales para lograr liberarnos de los problemas que nos angustian, hasta que finalmente obtengamos una mente serena y en paz. Ese es el propósito del budismo. Esta enseñanza comenzó a predicarse hace más de 2500 años; sin embargo, es tan racional y práctica que incluso nosotros, en los tiempos modernos, podemos aplicarla en todos los ámbitos de la vida. Si uno sabe aprovechar esa enseñanza, puede resolver cualquier problema.

Aunque se trate de un problema bastante grave y complejo, el budismo seguramente podrá ayudarnos a encontrar una puerta para salir adelante.

Yo mismo he sido beneficiado en muchas ocasiones por las enseñanzas de Buda. Una vez cometí un gran error y me quise morir, otras veces fracasé en mis negocios y estuve en crisis, pero siempre traté de aprender las lecciones de Buda para observar mi mente, y así pude superar cada problema.

Para enfrentarse a la propia mente y cambiarla se requiere ser valiente. En el presente libro explico los detalles de tal proceso, pero te advierto que deberás superar muchos *muros* que has construido dentro de ti mismo, como la ilusión, los prejuicios, el hábito de compararte con los demás, etc. Sin embargo, si logras traspasar esos muros y afrontar la propia mente, te podrás liberar de todo sufrimiento.

La ira, la tristeza, los celos, la ansiedad... es imposible eliminar esas emociones negativas, ya que somos seres humanos. Por ejemplo, la ira también puede ser útil para la sobrevivencia y la justicia, pero su otra cara es totalmente innecesaria. Es importante saber distinguir esto. Si sabemos hacer la distinción entre los aspectos necesarios e innecesarios de las emociones, entenderemos lo que nos produce sufrimiento y aprenderemos a manejarlas de mejor manera para liberarnos y vivir mucho más tranquilos y en paz.

Todo esto es un proceso para superar el muro de tu propia mente. "Suena fácil, pero parece algo casi imposible de lograr", dirás, pero no es verdad. Si te familiarizas con la idea propuesta para resolver los problemas y poco a poco la practicas, ten la seguridad de que es posible: podrás modificar tus hábitos, tanto en tu mente como en tu conducta. Las personas que acuden a consulta conmigo así se han liberado de sus sufrimientos.

En este libro te mostraré los métodos para superar el muro creado por tu propia mente, y los iremos practicando juntos. Parten del pensamiento budista, pero trataré de usar un vocabulario común que sea accesible para todo el público, ya sea que tenga nociones del budismo o no.

No cabe duda de que en la vida existe más sufrimiento que gozo. Sin embargo, si sabes cómo enfrentar el sufrimiento y cómo liberarte de él, seguramente tendrás cada vez más momentos alegres.

Si este libro te sirve como una antorcha para iluminar tu camino, no habré hallado una mayor satisfacción.

Capítulo I

El surgimiento de la frustración

1

Querer esto y también aquello es el origen de tu sufrimiento

¿Qué impresión tienes del budismo?
"Parece que es una religión en la que creen en un dios llamado Buda al que le entonan *mantras*, ¿cierto?".
Quizá algunos piensan eso, pero no es así. Desde su origen, el budismo no se ha tratado de rezarles a los dioses ni de hacerle peticiones a Buda.

Como escribí en el Prefacio, la clave del budismo es la mente.

Observar el contenido de nuestra mente, los pensamientos y las emociones, para eliminar las frustraciones y los sufrimientos que surgen desde allí e identificar el esfuerzo necesario para vivir con alegría. Eso es el budismo: la enseñanza de Buda.

En el budismo se plantea que *todo depende de mí*, no que *depende de algún dios*. Podría decirse que esta es una diferencia notable frente a otras religiones. Buda observó que los seres humanos tenemos deseos, y que entre más ambiciosos somos, sufrimos mucho más. Las siguientes expresiones son un ejemplo:

"Quiero entrar a la mejor universidad y trabajar en la mejor empresa".
"Me quiero casar con una persona que lo tenga todo".
"Quiero ganar mucho dinero y vivir lujosamente en una gran mansión".

Así son algunos de los deseos de la vida moderna.

La gente supone que, si logra cumplir esos deseos, será feliz. Sin embargo, el deseo es infinito. Si consigue esto, enseguida quiere eso otro y luego aquello, y al compararse con los demás empieza a querer cada vez más. Ese *más* es lo que nos produce mayor frustración.

Mientras busques obstinadamente la causa del sufrimiento fuera de ti, jamás podrás eliminarla y nunca serás feliz. Eso descubrió Buda. Por ello, predicó que necesitamos observar el interior de nuestra mente y esforzarnos para ordenar los pensamientos si queremos ser verdaderamente felices.

Es decir, si puedes superar *el muro del yo,* lograrás eliminar tus sufrimientos y podrás vivir serenamente.

La clave de la felicidad está en tu interior

Pero ese esfuerzo es algo distinto a lo que hacemos comúnmente. Pienso que la mayoría de nosotros se esfuerza para vivir económicamente mejor, ganando mucho dinero, o al menos eso es lo que nos han inculcado desde la infancia que debemos hacer.

No digo que esté equivocado; sin embargo, si buscamos la felicidad en el exterior y hacemos que dependa solo de eso, ese modo de vivir puede provocar el comienzo de un círculo vicioso: *desear más y más.*

Lo que propone el budismo es ordenar el interior de la mente y esforzarse para eliminar la causa de los sufrimientos desde allí.

Buda nos enseñó los métodos y nos dio la guía para hacerlo.

"Todo es sufrimiento en la vida. Todo comienza desde el sufrimiento, así que no hay otra opción más que aceptarlo. Para eso, debemos cultivar la sabiduría y liberarnos del sufrimiento que contenemos, para que podamos vivir con alegría. La vida es una secuencia de sufrimientos. Es imposible escapar de la angustia causada por el envejecimiento, la enfermedad y la muerte. Entonces, observemos la realidad a fondo y, aun a pesar de ella, aprendamos a vivir lo más felizmente posible". Este es un breve resumen del mensaje de Buda.

El budismo no se trata de seguir la enseñanza de algún dios para volverse feliz, ni tampoco de salvarse creyendo tal o cual cosa. Más bien es un método de pensamiento lógico y práctico: *si piensas de tal manera y lo pones en práctica, lograrás soltar los problemas.* En el capítulo V lo trataré más detalladamente, pero la receta budista ante el sufrimiento consiste en abandonar las emociones negativas o factores dañinos de la mente (*akusala cetasika*) y cultivar las emociones positivas o factores buenos (*sobhana cetasika*). Es un tratamiento que incide en las causas, más que en los síntomas. Quizá es difícil practicar todas las enseñanzas, pero si empiezas a practicarlas poco a poco, descubrirás que existe la posibilidad real de vivir más serenamente.

2

La antigua sabiduría de hace 2500 años funciona para liberarte de tus frustraciones actuales

"El pensamiento budista se parece a la psicología individual de Adler".

Hay mucha gente que lo afirma. Sobre todo, lo oigo de quienes se inician en el estudio del budismo. **Pero es al revés. El budismo no se parece a la psicología individual de Adler, sino que la psicología individual de Adler se parece al budismo.** El psicólogo Alfred Adler nació en 1870 y presentó la teoría de la psicología individual en el siglo xx. En cambio, Buda estableció las enseñanzas de lo que ahora se conoce como budismo en el siglo v, hace más de 2500 años.

Tienen el mismo objetivo, pues ambos abordan la manera de liberarse del sufrimiento para obtener serenidad; sin embargo, la historia del conocimiento budista es mucho más larga. En la época de Adler se estudió bastante el budismo en Europa, entonces es natural que el doctor Adler tuviese alguna influencia del budismo.

La base del conocimiento budista es el dominio de sus tres campos de estudio (Tripitaka).

En el budismo existe una estructura académica llamada Tripitaka. Esta palabra hace referencia a los tres ámbitos de estudio que debe dominar un estudiante budista. Dichos ámbitos son los siguientes: Sutras, Vinaya y Abhidharma.

Al monje que domina el Tripitaka se le llama Sanzo Hoshi en japonés. En Japón, el personaje llamado Sanzo Hoshi, de la novela china *Viaje al Oeste*, es especialmente famoso, pero es un sustantivo común y un título de respeto, no un nombre propio. En la historia real han existido varios Sanzo Hoshi, es decir, personas que han dominado el Tripitaka.

Sutras son las enseñanzas de Buda

Buda, quien alcanzó la Iluminación a los 35 años, caminó por muchos pueblos para predicar y liberar a la gente del sufrimiento; lo hizo durante 45 años, hasta su fallecimiento a la edad de 80. Quien lo acompañó en toda su trayectoria y escuchó sus enseñanzas más cerca que nadie fue su discípulo Ananda. Después de la muerte de Buda, entre Ananda y otros discípulos recopilaron sus enseñanzas; esa recopilación son los Sutras.

Vinaya son las reglas de disciplina monástica

"Si es solo uno, se vuelve perezoso. Si son dos y se pelean, se acaba. Si son tres, se pueden dividir en uno y en dos. Por eso, deben reunirse un mínimo de cuatro personas para practicar apoyándose mutuamente". Esto fue lo que recomendó Buda a sus discípulos. A la comunidad de discípulos se le llama Sangha. Si hay cuatro personas, es obvio que sus condiciones y pensamientos serán diferentes; por eso se requieren reglas, para que todos vivan pacíficamente respetando los acuerdos. El Vinaya significa justamente eso.

Abhidharma son los análisis y comentarios

La tercera parte del Tripitaka es el Abhidharma. Se trata de los análisis y comentarios escritos posteriormente por los discípulos sobre los Sutras y el Vinaya. Es un análisis detallado sobre la mente humana. Se puede decir, en otras palabras, que es un texto de psicología budista.

En el Abhidharma hay una sección donde se habla de cómo liberarse del sufrimiento. Puede considerarse que ese texto da explicaciones de manera comprensible, evitando un vocabulario especializado.

Pero ¿se podría aplicar una antigua enseñanza de hace más de 2500 años a los problemas actuales? Quizá algunos tengan esta duda. Pero no se preocupen. Sí es aplicable y además funciona; por eso se ha transmitido la enseñanza de Buda hasta la fecha. Es tan efectiva que incluso muchos psicólogos la han estudiado.

El budismo responde a la pregunta "¿Cómo eliminar el sufrimiento?". Veámoslo a detalle.

El budismo argumenta lógica y detalladamente sobre el surgimiento de nuestras angustias y sufrimientos, sus características y el modo en que nos pueden hacer daño física y mentalmente. Expone ordenadamente los métodos concretos para resolver nuestros problemas. Además, su teoría coincide con los frutos del estudio y el análisis de los científicos modernos, y también con los *métodos renovados* que comúnmente mencionan o aplican los psicólogos. Buda alcanzó ese nivel hace más de 2500 años.

Buda es el maestro de la mente

Los jugadores profesionales de futbol son maestros del futbol. Los chefs Michelin son maestros de la gastronomía. Siguiendo esa idea comparativa, puede decirse que Buda es el maestro de la mente. La tarea de nosotros, los monjes, es aprender y practicar la enseñanza de Buda y transmitirla a la gente que sufre.

El camino del budismo no es solo un estudio académico, sino un entrenamiento continuo para conocer y controlar la propia mente. Esto es a lo que se le llama práctica.

Yo no he estudiado psicología en una institución académica. Sin embargo, he practicado constantemente el budismo y por eso puedo atender muchos tipos de consultas en mi programa de YouTube *Una pregunta, una respuesta* de Osho Taigu.

Estoy seguro de que lo que trataré en este libro te puede servir para resolver tus problemas. La respuesta de Buda es bastante útil y eficiente.

3
¿Cuál es la diferencia entre una persona torpe y otra hábil para vivir?

Existe una estrofa muy concisa que expone la enseñanza de Buda, a la que se le conoce como "Enseñanzas comunes de los siete Budas". Muestra de forma muy sencilla el núcleo del budismo, aunque por el lenguaje antiguo parezca difícil:

Sarvapāpasya akaraṇam / No hacer el mal.
Kuśalasya upasampadaḥ / Hacer el bien.
Svacittaparyavadanam / Mantener el corazón puro.
Etad buddhasya śāsanam / Tal es la enseñanza de todos
[los Budas.

Sin embargo, ¿qué es el mal? ¿Qué es el bien? ¿Cómo definirlo? Mucha gente se pregunta eso.

Primero, se refiere al bien y al mal en sentido moral y, al mismo tiempo, a que el bien es *ser hábil* y el mal es *ser torpe* en cuanto al modo de vivir.

Vive respetando los códigos éticos.
Deja de ser torpe y trata de vivir hábilmente.
Mantén tu mente pura.
Eso es lo que Buda nos enseña.

En la vida cotidiana realizamos muchos actos inconscientes; por ejemplo, caminar. Cuando caminamos, levantamos el pie derecho, luego el izquierdo, desequilibrándonos y luego recobrando el equilibrio para avanzar. Es una serie de diferentes movimientos controlados, pero lo hacemos sin pensar, pues el cuerpo ya lo sabe.

Hacerlo así es resultado de un largo y complejo proceso. Desde que un bebé aprende a rodar, a gatear, a ponerse de pie y después a caminar. Tiene que aprender primero a moverse poco a poco, paso a paso, hasta que logra caminar. Igualmente, todos los movimientos que hacemos de manera inconsciente o automática son gracias a la acumulación de pequeños y constantes esfuerzos.

Ahora consideremos la posibilidad de tener malos hábitos incorporados a nuestros procesos automáticos. ¿Es posible que hayamos acumulado esas torpezas sin darnos cuenta? En tal caso, al ser procesos inconscientes, sería muy difícil corregirlos.

Entonces, ¿qué hacemos? Necesitamos elevar la parte inconsciente al nivel consciente en nosotros mismos. Realizar un proceso de concientización integral. **Lo importante es darte cuenta por ti mismo de tus propias torpezas.**

Si cambias tu creencia profunda, cambia tu destino

“No sé por qué, pero me molesta su forma de hablar”. “Entiendo lo que dice, pero su manera de hablar tan brusca me hace sentir mal”. Creo que esas situaciones son algo muy común en las relaciones humanas. Quien es torpe para hablar puede dar una mala impresión a los demás, aunque esté diciendo algo correcto.

El tono de la voz, los gestos o el uso de muletillas son cosas que ejecutamos inconscientemente, por eso es difícil notarlo nosotros mismos.

La manera de hablar es relativamente fácil de corregir porque es un acto hacia otras personas, por eso ellas te pueden aconsejar, para que puedas mejorar. **El modo de pensar, en cambio, no es visible; tienes que hacerte consciente de tus torpezas, para luego corregirlas y que puedas vivir más *hábilmente.***

Al respecto, les comparto una famosa frase de Mahatma Gandhi:

“Cuida tus creencias, porque se convertirán en tus pensamientos. Cuida tus pensamientos, porque se convertirán en tus palabras. Cuida tus palabras, porque se convertirán en tus actos. Cuida tus actos, porque se convertirán en tus hábitos. Cuida tus hábitos, porque se convertirán en tu personalidad. Cuida tu personalidad, porque se convertirá en tu destino".

Generalmente solemos quejarnos del destino como si fuese algo predeterminado. "Hacer esto no mejorará nada". Si no se cambia la *creencia profunda*, que es la raíz de todo, será imposible cambiar el *destino*, que únicamente es el resultado.

La creencia profunda que tenemos sobre cualquier asunto se ha formado por diversas influencias: de los padres, de los amigos, de los medios de comunicación, entre otros factores, y siempre de manera inconsciente. Todos pensamos, hablamos y actuamos según esa creencia profunda que permanece arraigada en el inconsciente, la cual define nuestra personalidad e, incluso, nuestro destino.

Buda enseñó cómo modificar el factor inconsciente de la creencia profunda, así como la manera de mejorar nuestra habilidad de pensamiento. Por supuesto que la creencia profunda no es algo fácil de cambiar, pues es algo que hemos registrado y acumulado desde la infancia, pero si deseamos seriamente cambiar, para bien del destino de nuestra propia vida, no hay otra alternativa más que volver a ese punto. Mejor dicho, **si podemos cambiar la raíz del problema, podremos liberarnos de todos los sufrimientos que ahora padecemos como consecuencia de ella.** Por ejemplo, si no eres hábil para la comunicación humana, tendrás problemas en las relaciones. “Soy infeliz por el carácter que he tenido desde que nací”. “No puedo llevarme bien con nadie”. Si solamente te quejas así, no cambia nada. Pero puedes intentar tener otra creencia profunda al respecto, por ejemplo: “Trato de agradecer a los demás y decir siempre *gracias*”. Si te esfuerzas en toda circunstancia y tratas de encontrar un motivo de gratitud y dices gracias en voz alta a los demás, verás que la gente te tratará de otro modo, te empezará a hablar más y la comunicación fluirá mejor.

Así tendrás una creencia profunda diferente al respecto. Tu base será “siempre agradecer” y entonces cambiarán tus pensamientos, luego tus palabras, tus actos, tus hábitos, tu personalidad y, finalmente, tu destino.

El budismo es un método de atención plena diseñado para reflexionar sobre ti mismo.

4

Una persona que *lo tiene todo* también sufre y se frustra

Buda nació como príncipe y creció en un envidiable ambiente palaciego, lo tenía todo y con lujos. Aun así, no podía dejar de sufrir. Por eso abandonó todo lo que tenía para comenzar una revolución ante la sociedad y se volvió el fundador del budismo.

Nacer como ser humano es nacer con una característica inevitable: el sufrimiento, pues **cualquier persona sufre sin excepción.**

Esto lo compruebo claramente al atender diversas consultas de mucha gente de todo Japón a través del programa de YouTube *Una pregunta, una respuesta*, porque también me llegan consultas de personas que aparentemente lo tienen todo. Algunas frases que dan ejemplo de ello son "Tengo una herencia tan abundante que no podría gastarla ni en toda mi vida", "Vivo en una casa lujosa, mi marido es director de una empresa que cotiza en la bolsa, mi hijo asiste a un prestigioso colegio". Es natural cuestionarse: "¿Cómo es posible que sufran en esas condiciones?", pero sorprendentemente hay muchas consultas de gente así. Todos los consultantes dicen: "No entiendo para qué vivo".

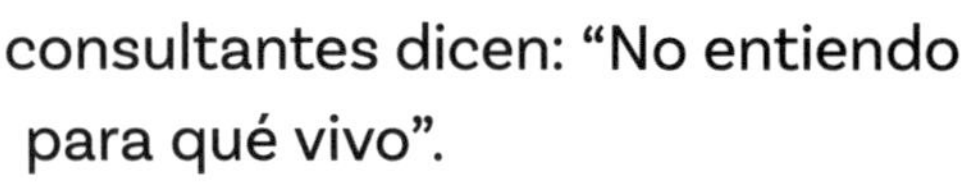

Expresan un sufrimiento por no sentir ninguna satisfacción, ni de lo que comen ni de lo que visten. Un vacío existencial.

Por ejemplo, hace 80 años Japón estaba en guerra y la mayoría de las personas no tenían para comer ni para vestir. Pero ahora hay suficientes bienes materiales. En la posguerra se distribuyeron refrigeradores, lavadoras y televisiones, incluso se les dio el apodo de "los tres tesoros sagrados". Desde entonces se ha progresado notablemente en cuanto a tecnología para vivir más cómodamente.

Hasta hace poco, el celular era algo muy caro, pero ahora hasta un niño de primaria lo tiene como si fuese algo normal.

En comparación con la época de Buda, se puede decir que el promedio del nivel de bienestar en nuestra vida cotidiana es superior al que disfrutaba un rey de la antigüedad. Sin embargo, si le preguntaras a la gente "¿Vives feliz?" o "¿No tienes ninguna frustración?", como respuesta todos empezarían a quejarse de muchas cosas. **Ahora tenemos bastantes bienes materiales y la vida cotidiana es más cómoda, pero eso no quiere decir que se tenga garantizada la felicidad.** Para quien sea, en donde sea, las frustraciones y los sufrimientos son inevitables.

Hay frustraciones que no se solucionan con dinero o fama

Existen criterios de felicidad según los valores que consideramos importantes en la vida moderna, pero, aunque se cumpla con ellos, siempre surgen frustraciones.

Por más que tengamos dinero y pertenencias, es interminable la codicia y nunca hallamos satisfacción. A veces nos sorprenden las noticias sobre el suicidio de gente muy famosa o exitosa. Suponíamos que esas personas no tenían razones para sufrir.

Hace poco, una compañía discográfica me pidió que apoyara en la promoción de una cantante y poeta estadounidense. Esto me permitió presentar a Billie Eilish en mi programa de YouTube. Ella contó que estuvo tan deprimida que, en algún momento de su vida, se sintió proclive a suicidarse. A los 19 años se convirtió en la persona más joven en ganar el premio Grammy al mejor disco por segundo año consecutivo. Sin duda, una gran estrella que tiene toda la fama y la admiración del mundo también siente frustración, y hasta puede sufrir depresión.

Deportistas profesionales o médicos famosos, aparentemente envidiables ante el mundo, también sienten frustraciones que jamás podríamos imaginar. **Incluso quienes se encuentran en circunstancias deseables y privilegiadas padecen preocupaciones y sufrimientos**. Y esos problemas no pueden simplemente desaparecer. Por ello, necesitamos comprender el mecanismo de la propia mente para protegernos.

5
La impermanencia también se aplica a las frustraciones

En los antiguos Sutras escritos en Pali, un antiguo idioma del norte de la India, aparece con frecuencia la palabra *dukkha*. Al ser introducida en China, esta palabra se tradujo como 苦 (kŭ), que significa sufrimiento.

Al término 苦 se le asocia con emociones negativas como la ira, el odio y la tristeza. Sin embargo, las emociones aparentemente positivas, como el placer y la alegría, también son consideradas como *dukkha*, es decir, sufrimiento. Así lo predicó Buda.

Quizá te preguntes “¿Cómo pueden serlo?”. Pero *dukkha* no significa solamente algo negativo. Más bien se refiere a un estado de constante cambio o inestabilidad.

Solemos pensar en términos dualistas, donde el placer es opuesto al sufrimiento. Sin embargo, tanto el placer como el sufrimiento son estímulos cambiantes que aparecen y desaparecen en nuestra mente.

Creo que es fácil de entender si te imaginas un péndulo. Si la emoción oscila hacia el lado negativo, se convierte en sufrimiento, y si oscila hacia el lado positivo, se convierte en placer.

En realidad, la emoción positiva del placer no es eterna. Por ejemplo, supongamos que te enamoras de alguien, le confiesas tus sentimientos y te acepta. Es un evento tan feliz que experimentas un intenso placer. Tal vez incluso anheles que ese amor dure cien años.

Sin embargo, como bien sabemos, el enamoramiento también tiene su parte amarga y, en la mayoría de los casos, termina en separación. Cuanto más te enamoras y más recuerdos hermosos acumulas, más intensa es la tristeza cuando pierdes ese amor. El péndulo emocional oscila tremendamente. La estabilidad mental se alcanza cuando el péndulo no oscila sin control, ni hacia el placer ni hacia la tristeza. En el budismo, la felicidad se alcanza al observar todo el tiempo tu propia mente, reconociendo que el péndulo emocional oscila por naturaleza, pero aprendiendo a controlar su movimiento para mantenerlo lo más estable posible.

Ni el placer ni el sufrimiento duran eternamente

Si uno espera que en una relación se mantenga siempre la intensa pasión de los primeros días, probablemente sufrirá mucho con el paso del tiempo.

Si te esfuerzas en tener una elevada autoestima y ser siempre positivo en tu trabajo, sufrirás cuando no lo logres. La alegría y la tristeza no tienen un valor absoluto. “Quiero estar enamorado por siempre de mi pareja, mantener una alta autoestima y vivir con una actitud positiva todo el tiempo". Si uno considera estos ideales como absolutos, paradójicamente puede alejarse cada vez más de la felicidad. Aunque, por supuesto, debemos permitirnos sentirnos sinceramente felices cuando algo nos alegra, es importante reconocer que la felicidad no es permanente.

Por otro lado, hay mucha gente que sufre demasiado por suponer que será infeliz para siempre. Sin embargo, no tendría que preocuparse, ya que la infelicidad tampoco dura eternamente.

En el budismo se considera que todas las cosas son temporales. Todos los fenómenos son diferentes, pues están en constante cambio. **Esta es una gran verdad llamada impermanencia.** Nada continúa eternamente. Después del placer, viene el sufrimiento. Pero también, después del sufrimiento, viene el placer.

Es cierto que tanto el placer como el sufrimiento surgen de nuestra propia mente, están dentro de nosotros. Comencemos por conocer su mecanismo.

6
Quien produce el sufrimiento es tu mente, nadie más

Todos los sufrimientos surgen de nuestro interior. Tu mente es como una fábrica en donde se produce el sufrimiento. Pero ¿por qué y cómo se produce el sufrimiento en la mente? ¿Qué es eso que soy yo, ese productor de sufrimiento? La noción del *yo*, que en la psicología se conoce como *ego*, es una manifestación basada en el instinto y no se puede eliminar de forma absoluta. **Es una entidad que no puede dejar de creer que tiene que ser la más respetada, valorada y con la mayor prioridad. Así es el yo, y por lo tanto así soy yo.**

No solamente los seres humanos, sino todos los seres vivos, se defienden por instinto cuando hay amenazas o peligros, porque su existencia es lo más importante. Tal instinto de defensa es el ego, es decir, lo que usualmente reconocemos como el yo, que al mismo tiempo es el causante del sufrimiento.

¿Por qué resulta que quienes dicen "me odio" son quienes más se quieren a sí mismos?

Lo más importante para cada uno es uno mismo, y por ello uno se cuida al máximo de modo inconsciente. "No puedo dejar de odiarme". "Me odio tanto que quiero suicidarme". Incluso la gente que dice tales cosas se ama a sí misma. Lo que sucede es que detrás del impulso de suicidarse hay un ego intenso, una enorme cantidad de amor propio. Hasta se podría decir que quieren suicidarse para demostrar esa importancia personal. Es como un efecto de psicología inversa; se frustran por el rechazo, pues considera que "Yo debería ser lo más querido e importante".

Por ejemplo, hubo un caso de una jovencita que intentó suicidarse porque su novio la abandonó. La causa no fue el novio sino la misma jovencita, que creía que ella debía ser lo más importante para él. Por tal motivo no pudo soportar ni perdonar el hecho de ser abandonada. Es decir, como ella se amaba desmedidamente, no pudo aceptar la realidad de ser rechazada.

El ego descontrolado que se resiste a lo que no puede dominar es la causa del propio sufrimiento.

Todos nos ilusionamos con la idea de que somos merecedores del mejor trato. Creemos que debemos ser los más amados y los más aceptados. Suponemos que todos deben estar de acuerdo con nosotros, siempre y en todo.

Entre más fuerte y específica sea tu ilusión, más crecerá ese sentimiento negativo y enceguecedor. La decepción crecerá proporcionalmente cuando no recibas el trato que deseabas.

Para cada uno, lo más importante es uno mismo

Ni que decir de los innumerables incidentes o asesinatos que suceden a causa de problemas o asuntos del amor, tanto en las historias de telenovelas como en la vida real. Las personas se desquician por amor y desamor. "Amaba tanto a esa persona y ahora le odia hasta querer matarle...". Como ya se ha mencionado, incluso se desea desaparecer de este mundo. Tanto los asesinatos como los suicidios dan un mismo resultado: mueren personas. La única diferencia es a quién se mata, a otro o a sí mismo. Ya sea fracasar en algo o tener el corazón roto, en la vida sucede una infinidad de cosas indeseables e inesperadas que van en dirección contraria a los propios deseos. Por tal motivo nos entristecemos o nos enfurecemos. El ego es un instinto de defensa, una función del inconsciente. Por eso es tan importante conocer nuestra propia mente y familiarizarnos con la existencia y funcionamiento de eso que llamamos yo. Todos lo tenemos y todos experimentamos sus efectos, que son muy intensos.

Aunque se practique un ascetismo extremo, nadie puede eliminar por completo el yo. Solamente Buda lo logró.

Así como te importas tanto a ti mismo, el otro es igualmente importante para sí mismo. Si logras reconocer esto, naturalmente podrás ser bondadoso con los demás.

Evita ser tú mismo tu única prioridad e intenta ponerte en los zapatos de los demás. Piensa así: "Si yo estuviese en su posición, ¿qué haría o qué sentiría?".

7
El origen de la frustración es el impulso de comparar

En el apartado anterior tratamos sobre el ego, que aunque es un elemento instintivo de defensa, es al mismo tiempo la mayor fuente productora de sufrimiento. Existe otra enorme causa productora de sufrimiento: el impulso de compararse con los demás. En el budismo, a ese factor mental se le llama *māna* en Pali, y se puede traducir como arrogancia. Unido a *asmi*, que significa ego, tenemos *asmi-mana*, que se traduce al japonés moderno como *gaman*. Es un término que se usa muy frecuentemente. En la actualidad, *gaman* quiere decir aguantar o tolerar como una virtud; sin embargo, su sentido original es diferente. En el budismo, ni *asmi* ni *mana* tienen un significado positivo. Debemos conocer sus acepciones para no confundirnos.

Si analizamos *mana* (arrogancia), podremos clasificarla en muchas ramificaciones, pero sería demasiado extenso intentar desglosarlas aquí. Por ahora será suficiente conocer los siguientes tres tipos de arrogancia:

Por superioridad.
Por conformismo.
Por inferioridad.

Desde que los seres humanos vivimos en sociedad, estos criterios han sido algo constante. Es decir, que la mente humana ha estado bajo control de este tipo de pensamientos.

Si vives solo, está bien que solo pienses en ti, pero vivir en comunidad se trata de considerar y preocuparse por los otros. ¿Hay alguien que haría algo en mi detrimento? ¿Hay alguien que alteraría o dañaría el orden de la comunidad? Así fue como se comenzó a vigilar a los demás y a establecer comparaciones con ellos. De allí surgió la arrogancia. Precisamente ese mecanismo ha sido el causante, a lo largo del tiempo, de que manifestemos emociones tan conflictivas y angustiantes como la envidia o la soberbia.

Difícilmente podemos dejar de compararnos

"No me importan los demás".

"No es asunto mío".

Creo que hay mucha gente que se expresa así. Sin embargo, si tratamos de ubicar ejemplos concretos, seguramente recordarás algo más o menos semejante que tú hayas vivido.

Cuando vas por la calle y te cruzas con otras personas de edad similar a la tuya es posible que, sin darte cuenta, las compares contigo. ¿Son más o menos bonitas, más o menos elegantes o vulgares que tú? ¿Es cierto eso? ¿Te ha pasado? Preguntarte: "¿Aquella persona es más alta, igual o más baja que yo?", "¿Esa otra persona es más guapa, más fea o como yo?". Si te preocupa tu cabello: "¿Tiene más, menos o el mismo cabello que yo?". Si te preocupan tu imagen y tu peso: "¿Es más o menos gordo que yo, o está casi igual?".

Así somos los seres humanos, no podemos dejar de compararnos.

Los padres también hacen comparaciones, aunque sea mentalmente:

"Mi hija es más bonita e inteligente".

"Mi hijo es mejor que él para los deportes".

Por ejemplo, entre amigos que se reencuentran después de muchos años y coinciden en algún evento social, es muy común este tipo de comentarios o chismes:

"¿En qué empresa trabajas?".

"Ella aún no se ha casado".

Incluso en una junta los empresarios sondean entre ellos el tamaño de sus compañías y el volumen anual de sus negocios. En el caso de los escritores y editores, seguramente se interrogan sobre cuántos ejemplares han publicado hasta el momento. Los youtuberos e *influencers* estarán interesados en comparar el número de reproducciones y suscriptores que tienen en su contenido. Así es para todos, veinticuatro horas al día estamos inmersos en la arrogancia.

La arrogancia provoca emociones negativas.

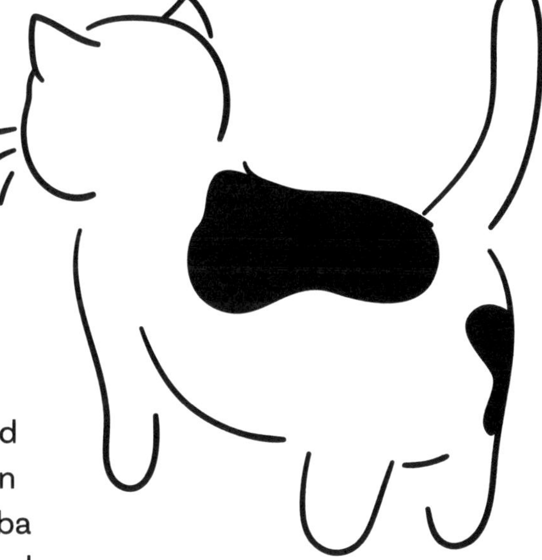

Por supuesto que yo también era un cúmulo de arrogancia.

Cuando era estudiante universitario practicaba karate. Al encontrarme con otros hombres juzgaba si eran más fuertes, más débiles o iguales a mí, sobre todo cuando iba a la alberca pública ubicada entre mi Universidad Komazawa y la Universidad de Educación Física, pues allí se reunían muchos deportistas musculosos. Miraba a esos hombres y siempre me cuestionaba comparándome con ellos: ¿serían iguales, más débiles o más fuertes que yo? Me imagino que ellos también me evaluaban así.

Es algo común entre los practicantes de artes marciales, y es un típico ejemplo de arrogancia.

Así vivimos todos, comparándonos con los demás. Así van surgiendo las demás emociones negativas como la soberbia, los celos o el desprecio. Comúnmente expresamos frases como "¡Qué envidia!", "¡Qué lástima!", "¡Pobrecita!", "¡Qué tonto!", "¡Qué miserable!". Todo eso nos provoca aún más sufrimiento.

La arrogancia es un fenómeno psicológico inconsciente, por eso es imposible eliminarla por completo. Sin embargo, al reconocer conscientemente que estamos dominados por la arrogancia, abrimos la posibilidad de controlar tal aspecto de nuestra mente.

En este libro te transmito estrategias concretas, aplicables en la vida cotidiana, para vivir más serenamente. ¡Practiquemos paso a paso!

8

Codicia, ira e ignorancia son los tres venenos que corroen tu mente

A las angustias que surgen de los instintos como el ego y la arrogancia, en el budismo se les llama *klesa*, un término Pali que se puede traducir como *estados mentales que oscurecen el sano criterio*. Los estados surgidos de tales klesa son los que provocan emociones negativas. Ahora les explicaré sobre los tres elementos que conforman los klesa. Si pensamos que la medicina es un factor que incide en la mejoría o curación, entonces estos tres elementos serían lo contrario. Pueden considerarse venenos, venenos mortales. Buda los definió como *lobha*, *dosa* y *moha*. Expuso que son los tres venenos que destruyen el cuerpo y la mente en los seres humanos, que destruyen la vida misma. **Para liberarse del sufrimiento de modo más eficiente, es necesario conocer el mecanismo de estos tres venenos para poder observarse a uno mismo de manera objetiva,** pues si no se sabe la causa del problema, tampoco se sabrá la solución.

Codicia, ira e ignorancia son un conjunto

Lobha es codicia

"Quiero algo".

"Quiero ir hacia algo".

"Quiero acercarme a lo que quiero".

Estos son impulsos del deseo; en otras palabras, son manifestaciones de la energía. El deseo puede dirigirse hacia una persona, algo material, un estado social, un lugar o lo que sea. Es como si el objeto del deseo fuese el polo positivo de un imán, y yo, que lo deseo, fuese el polo negativo de otro imán. Ambos con toda la fuerza de sus cargas magnéticas. Así es el deseo o codicia llamada *lobha*.

***Dosa* es ira**

Lo opuesto a *lobha* es la energía que desea alejar lo que odia; eso es *dosa*. Si el objeto del deseo es un polo de imán, yo al sentir ese deseo sería como el polo de otro imán de carga opuesta, por lo que se atraerían inevitablemente. Sentir ansiedad por el intenso deseo de alejarme o alejar lo que odio, sin poder hacerlo, me causa mucho enojo. Así funciona *dosa*. Si puedes pensar en la consecuencia angustiante de este sentimiento, será más fácil de entender el mecanismo de la ira.

***Moha* es ignorancia**

Al carecer de sabiduría, sin saber qué hacer, mente y cuerpo se vuelven inestables. Hacemos cualquier tontería por no tener sabiduría. Así puede entenderse el efecto de la ignorancia.

Recuerda las energías que vimos previamente, *lobha* y *dosa*, que forman un estado confuso y caótico sin aparente salida.

El círculo vicioso provocado por los tres *klesa*

Esos tres elementos —*lobha*, *dosa* y *moha*— tienen distintas características, pero están relacionados entre sí.

La codicia (*lobha*) insatisfecha produce ira (*dosa*). Cuando surge la ira (*dosa*), se vuelve incontrolable por la ignorancia (*moha*).

Por la ignorancia (*moha*) no se puede comprender la realidad tal como es, ni a uno mismo, y entonces surge nuevamente la codicia (*lobha*). Así se repite el ciclo sucesivamente.

Actualmente, gracias al desarrollo de la neurociencia, se ha explicado científicamente el mecanismo de la psicología humana, hasta cierto punto. Pero Buda ya había descubierto ese funcionamiento cíclico negativo mediante su propia experiencia sensorial hace más de 2 500 años. Cuando sientes esas emociones, se alteran los latidos del corazón o se sonroja la piel. Si esas reacciones ocurren con frecuencia, el cuerpo se cansa y se daña la mente. Vivir constantemente así puede provocar un desgaste generalizado. Las respuestas que mostró Buda fueron las evidencias que obtuvo a través de la observación profunda de las reacciones de su propia mente y cuerpo. Si no se atienden tales síntomas con ningún tratamiento, no se podrá eliminar el sufrimiento y seguirán destruyéndose el cuerpo, la mente y la vida misma. Por eso se afirma que la codicia, la ira y la ignorancia son tres venenos.

Quizá sea más fácil de comprender mediante un ejemplo relacionado con el amor. Piensa que estás enamorado de alguien. Quieres acercarte a esa persona, quieres tocarla, salir con ella, incluso casarte con ella.

Todo esto es codicia (*lobha*). Empiezas a generar expectativas referentes a que esa persona también te quiera. Sin embargo, sabemos que la mayoría de los casos de amor son imposibles. **Lamentablemente, el anhelo de que algo suceda según mi deseo es una conveniente ilusión que surge en mi propia** mente. En muchos casos puede resultar que la persona deseada se dé cuenta de tu intención y empiece a evitarte, o que te rechace cuando le confieses tu interés.

Entonces te cuestionas: "¿Por qué no me va bien?", "¿Por qué no sucede como yo quiero?", y te enojas. Entre más fuerte sea tu pasión de enamoramiento, más grave será el daño por el rompimiento y también, obviamente, más fuerte será el grado de tu ira (*dosa*). Suponer que "Tal vez ella también me quiere" o "Se puede enamorar de mí" es totalmente una ilusión que tú te has creado; es como jugar solo y perder solo. Sufres por ti mismo al desconocer cómo controlar la ira que surge en tu mente de manera imparable. A pesar de todo esto, aún no te das cuenta de que es una absurda ilusión. Es decir, que por tu ignorancia (*moha*) sigues persiguiendo un amor imposible o, en el peor de los casos, hasta te transformas en un acosador de la persona que deseas.

Hay gente que no aprende, que aunque haya sufrido tanto por asuntos de amor y sus consecuencias problemáticas y jure que no repetirá los mismos errores, le sucede nuevamente, una y otra vez. No suavizo la afirmación, claramente digo que los seres humanos somos tontos. **La ignorancia es un veneno que nos estorba para vivir hábilmente.**

Mientras culpes a otro, nunca dejarás de sufrir

¿No estás viviendo en el circulo vicioso e interminable de *lobha-dosa-moha*? Por favor, ponte una mano en el pecho y reflexiona para responder.

"Estoy bien. No tengo ningún apego y no sufro por mi manera de vivir".

Si dices algo así, significa que puedes vivir muy hábilmente sin necesidad de escuchar los consejos de Buda. De hecho, no necesitas este libro. ¿Serás tú quien le dé un sermón al predicador? Creo que existe muy poca gente que puede afirmar algo así. Una persona siempre tiene frustraciones, ya sean grandes o pequeñas. Me parece muy difícil que alguien no tenga ningún problema. Por lo tanto, tenemos que obtener sabiduría para vivir hábilmente.

Repito una vez más que la causa de todos los sufrimientos está en uno mismo. La sabiduría es ser capaces de autoobservarnos objetiva y correctamente.
Si no te das cuenta de que estás viendo el mundo a través de los lentes del ego y la arrogancia, jamás harás que desaparezcan tus sufrimientos.

Mientras veas las cosas a tu conveniencia, desees que todo vaya bien, tal como tú quieres, y vivas con esa creencia, te devendrán fracasos, frustraciones, sufrimientos y acumularás estrés.

Sin asumir que la causa de todo el sufrimiento está en tu propia mente, acusarás o culparás a otro, lo ofenderás creyendo que él es el malo. Considerando un caso extremo, incluso serías capaz de asesinar por tal motivo a otro o a ti mismo. Somos seres ignorantes capaces de cometer esos extremos. Así somos los seres humanos.

Por ello, para vivir más hábilmente evitando ese grado de ignorancia, cultivemos la sabiduría. Intentemos comprender el mecanismo de la mente y aprendamos a controlarla.

Las enseñanzas de Buda son una serie de métodos sistematizados. Eso es el budismo.

En los capítulos II al IV se explicarán las emociones negativas en cada categoría de los tres venenos: codicia, ira e ignorancia. Tengan esto en cuenta como premisa antes de aprender a tratar con cada emoción negativa que allí se presenta.

9

Si logras superar el *muro del yo* podrás liberarte de todas las frustraciones

¿Por qué y desde cuándo hemos sufrido tanto? A medida que crecíamos, ¿nos dábamos cuenta cada vez más de la sinrazón de la sociedad? No. Aunque hemos sufrido desde temprana edad. Yo pienso que desde los cuatro años, o tal vez desde los tres, si se trata de un niño un poco más maduro. Lo digo porque observo a los niños del kínder que está en el jardín de nuestro templo. Desde muy temprana edad comienzan a tener dudas y se preguntan "¿por qué?", y a medida que aprenden a hablar más, empiezan a sufrir por algo. Como he dicho, la vida es una serie de diversos sufrimientos. Incluso puede decirse que, aunque no lo quieras, el sufrimiento es tu acompañante de toda la vida.

Cuando sucede algo frustrante, se tiene el impulso de quejarse diciendo "porque él es malo", "porque es culpa de la sociedad" o "es su culpa, no la mía". Sin embargo, **si deseas liberarte del sufrimiento, no deberías estar buscando culpas en nadie más.**

¿Cómo surge el sufrimiento?

Si verdaderamente quieres soltar el sufrimiento, debes pensar seriamente en él. Buda ha sido el único que se dedicó por completo a la investigación del fenómeno del sufrimiento humano, a tal grado que arriesgó su propia vida.

¿Acaso podríamos encontrar en los infomerciales la clave para dejar de sufrir?

Aunque sabemos que vivimos conteniendo sufrimiento, no hay quien se dedique a estudiar el sufrimiento y que para ello abandone toda su vida social, como el trabajo o la escuela, pero Buda sí hizo justamente eso. Abandonó todo cuanto tenía en su vida y se concentró en observar y analizar a profundidad el proceso del sufrimiento en la mente. Esa fue la vida de *Pabbajjā* —es decir, de *renunciante*— que llevó Buda. Después de una profunda meditación, finalmente descubrió y expuso las Cuatro Nobles Verdades y el Noble Camino Óctuple:

La verdad del sufrimiento *expone que todos tenemos sufrimiento.*
La verdad de la causa del sufrimiento *habla de las diversas causas y el mecanismo que hacen surgir al sufrimiento.*

La verdad del cese de la causa del sufrimiento *explica la extinción del sufrimiento por medio de descubrir sus causas.*

La verdad del camino que conduce a la extinción del sufrimiento *propone los métodos para dejar de sufrir.*

Te puede ayudar a entender esto compararlo con la estructura del guion de un infomercial.

"Amigas, ¿verdad que es muy pesado el aseo del hogar?". (La verdad del sufrimiento).

"Estamos siempre ocupadas en las tareas domésticas, ¿cierto?". (La verdad de la causa del sufrimiento).

"Desearíamos que la limpieza de la casa fuese automática. Eso sería una gran ayuda". (La verdad del cese de la causa del sufrimiento).

"¡Por eso ahora queremos presentarles esto!". (La verdad del camino que conduce a la extinción del sufrimiento).

Esa estrategia tiene el mismo orden teórico que las Cuatro Nobles Verdades:

Vivir es sufrir.
El sufrimiento tiene causa.
Conocer la causa del sufrimiento puede disminuirlo.
Hay maneras de eliminar el sufrimiento.

Buda predicó de este modo a propósito para que a la gente le interesase.

El Noble Camino Óctuple habla de ocho prácticas correctas para la extinción del sufrimiento, pero podría resultar en una explicación muy larga, así que la omito por ahora. Pero en resumen es algo así: piensen que se trata de un conjunto de ocho actitudes que debemos tener en cuenta en la vida cotidiana.

La conclusión que obtuvo Buda mediante la meditación

Nadie quiere sufrir ni vivir con angustia. **Sin embargo, quien te hace sufrir no es tu jefe del trabajo, ni tu familia, ni tus amigos, ni tu pareja. La ilusión que genera tu mente es la causa de todos tus sufrimientos.** Entonces, ¿qué se debe hacer concretamente para dejar de sufrir? Primero que nada, observar a fondo tu propia mente. Mientras busquemos la causa del sufrimiento fuera de nosotros mismos, jamás podremos descubrir por qué sucede o cómo se genera. Como te he dicho, la causa del sufrimiento está dentro de la propia mente, no fuera.

Dejar de sufrir requiere enfrentarte a tu propio interior, es decir, a tu mente. Varios muros se levantan ante ti; allí están la ilusión, los prejuicios, la codicia, la ira, la ignorancia y muchos obstáculos más. Si logras superar el muro del yo, podrás soltar el sufrimiento para vivir más serenamente.

En el budismo, la práctica de concentrarse en conocer la conciencia de tu propia mente se llama *meditación*. Quizá la palabra meditación te suene como algo difícil y te imagines algo muy especial, pero no te preocupes. Escribiré con más detalle sobre la meditación en el capítulo V, pero de una vez te digo que simplemente es la capacidad de concentración, y se trata de aprender la mejor manera de usar esa energía. Hablemos de casos extremos. Por ejemplo, cuando alguien quiere asaltar un banco, cometer un fraude o planificar algo malo, también está trabajando con la energía de la meditación, pero dirigiéndola negativamente. En la práctica budista se trata de girar el timón hacia una buena dirección, hacia la transformación personal positiva. Buda observó su mente a través de la meditación y logró descubrir grandes verdades. **Si comprendemos claramente la causa del sufrimiento y observamos el proceso de su producción, sin duda lograremos disminuirlo.** Esa es la conclusión a la que llegó Buda después de su intensa práctica.

Capítulo II

¿Cómo superar el muro de la ira?

1

La ira hacia otros surge de las expectativas autocomplacientes

Debemos distinguir entre ira necesaria e innecesaria

"¿Usted qué haría si de pronto se acerca un desconocido y le propina un golpe? Como es un monje budista, ¿resolvería el problema con calma y sin enojo?".

Frecuentemente me preguntan esto, y les contesto: "Pelearía. Si me dieran un golpe, yo daría dos". Todos se sorprenden con la respuesta.

Por supuesto que es broma. No obstante, se trata de una reacción natural de cualquier ser vivo, pues solamente hay dos opciones ante un ataque: luchar o huir. En la vida salvaje, dejarse atacar sin ningún tipo de defensa significaría la muerte.

La ira surge cuando el cerebro detecta algún tipo de ataque o cuando se siente herido. Es una emoción básica que todos tenemos por instinto de conservación; es necesaria para sobrevivir.

Sin embargo, en la vida moderna sería muy raro que de pronto se apareciera frente a ti un león o un tigre dispuesto a comerte. Aun así, frecuentemente nos sentimos muy ansiosos o enfadados en lo cotidiano y, lamentablemente, el nivel de violencia social está en aumento y es posible que suceda un caso como el del primer ejemplo. Esto es porque tenemos un león en nuestra mente. La *ilusión* creada por la propia mente está luchando contra un enemigo invisible.

"Me enoja la actitud de mis familiares".
"Me traicionó mi pareja".
"Mi jefe del trabajo me acusa sin razón".
"Mi superestrella favorita fue infiel".

Por cosas así puedes enojarte, pero nada de eso pone en riesgo tu vida. Es decir, es un tipo de ira innecesaria.

Quien produce la ira es mi propia mente, nadie más

Cuando un miembro de la pareja traiciona al otro, la ira no se produce por culpa de esa persona que engañó, sino que se produce en el interior de la mente del afectado al asumirse como una víctima, pues creía en la confianza que depositó en el otro.
Por ejemplo, en el caso de un escándalo de infidelidad de nuestra superestrella favorita, con toda claridad entendemos que la ira se produce en la propia mente. Como fanes, nos hacemos una imagen según nuestros deseos y fantasías sobre una superestrella, a quien ni siquiera conocemos. Luego, al ver destrozada tal imagen, nos sentimos heridos y enojados.

Sentirse víctima u ofendido significa que vivíamos dentro de una ilusión en la cual suponíamos imposible que aquella persona nos traicionara o perjudicara.

Cada uno crea su propia idea sobre cómo deberían ser las cosas, y esta idea se forma durante toda la vida por diversas experiencias y aprendizajes. Cuando esa creencia es negada, el ego se siente en riesgo. Esta es la verdadera naturaleza de la ira que se produce en la mente humana.

En tanto que seres vivos, nunca podremos abandonar por completo la ira. Tal como lo he mencionado, también existe un tipo de ira necesaria, como el instinto de supervivencia. Sin embargo, si permitimos que nos domine el tipo de ira surgido de la ilusión, es posible que nuestro cuerpo y nuestra mente se enfermen por ello. Por lo tanto, es necesario entrenarnos para distinguir con sensatez sobre la ira y ser capaces de controlarla.

Es normal que la vida no sea como quieres

La ira es como un incendio que ocurre en tu mente. Si permites que avance, se expandirán sus llamas y resultará más difícil apagarlo. Lo más recomendable es aplicar remedios preventivos o, en caso de que ya esté sucediendo, combatirlo en su comienzo.

Recordemos la premisa: "Casi nada en la vida es como lo deseamos, menos aún en las relaciones con otras personas. No las podemos controlar". Asumir esto es la mejor prevención contra incendios causados por la ira innecesaria.

Así que ya lo sabes. No esperes cosas como:

"Mi familia, mis amigos, mi pareja o mis compañeros del trabajo me entenderán".

"Yo los favorecí mucho, así que debería recibir una gran recompensa de su parte".

Eso sería solo pensar desde tu perspectiva y conveniencia.

Cuando las cosas no suceden como lo esperabas, te preguntas "¿Por qué no me va bien, tal como lo espero y deseo?". Esa es una gran decepción que se convertirá en ira.

Obviamente no te estoy recomendando un modo negativo de pensar, pero me parece que últimamente se está incrementando la población que persigue sus ideales enfocándose solo en la parte positiva del mundo. Sin embargo, la vida no es tan dulce.

Lo que quiero proponer es que tengamos cuidado con el optimismo desbordado e irracional desde el cual se supone que todo se mueve o se moverá a mi conveniencia.

No obstante, mientras seamos seres humanos, siempre llegará un momento en el que surja la ira. Cuando sientas que comienzan a hervir tus entrañas, es muy importante apagar ese fuego antes de que crezca. Un incendio no se expande si no hay oxígeno y algo de fácil combustión. Podría extinguirse solo si carece de estas condiciones. Aunque surja explosivamente, sin combustible, la ira no durará mucho. Por eso debemos cuidar las condiciones para que no prospere cuando aparezca.

Si el combustible es algo material, aléjate de eso.
Si el combustible es una persona, aléjate de ella.

Ese es el mejor método.

Lo importante es no avivarlo con más combustible

Por ejemplo, entre esposos, al expresar diferentes opiniones y discutir. Ambas partes están enfadadas y no quieren dar un paso atrás. En tal situación, cualquier argumento que se esgrima es un peligroso combustible para la ira.

Quizá haya comenzado con un detalle simple del tipo: "No pusiste la ropa sucia en el cesto". Luego una frase como esta: "No separaste la basura el otro día" o "No te lo había dicho, pero tú no sabes lavar bien los platos". Así pues, ambos avivan el fuego mutuamente. Aportan combustible sacando incluso cosas del pasado. Debió ser solo un pequeño fuego, pero con sus dichos y actitudes desarrollaron el incendio.

Cuando así sucede, el objetivo cambia: ahora será ganarle al otro en la discusión, convencerlo o justificarse. Para lograrlo, echarán aún más combustible.

Es una lucha infructuosa y contraproducente.

En tal punto, lo más importante es darte cuenta de que eres tú quien está echando más leña al fuego. Y al darte cuenta de eso, lo primero es alejarte de allí.

"¿Estás huyendo?".

Aunque te reclame por eso, no le hagas caso, resiste las ganas de contradecirle. Escapa de allí. Una vez que te encuentres en un lugar donde ya no está tu pareja, de inmediato respira profundo para calmarte. Así se desvanecerá tu episodio de ira.

¿Sabes?, también tu pareja pasa por el mismo proceso. **Si no hay más leña, se calman las flamas de la ira.**

Separa mente y cuerpo mediante actividades sencillas

Además de la respiración profunda, el movimiento físico es muy eficaz para calmarte. Yo recomiendo hacer tareas de limpieza.

Aunque ya estés alejado de la persona con quien peleaste, si te encierras solo en tu cuarto, mentalmente repasarás el evento colérico cuestionándote al respecto: "Pero yo no hice nada malo...", y así seguirás avivando el fuego sin tener ya con quien discutir. Ahora será una pelea contigo mismo.

Para evitar esa secuencia nociva, puedes distraerte voluntariamente. ¿Por qué no quitas el polvo de la mesa o las sillas? Tal vez podrías ordenar tu clóset. Te recomiendo mover el cuerpo mientras te concentras en limpiar tu cuarto.

Paulatinamente separarás tu cuerpo de tu mente, así se desvanecerán los pensamientos angustiantes y podrás calmarte.

Además, tu cuarto quedará limpio, será como aprovechar una oferta al dos por uno.

Si prefieres concentrarte en algo del trabajo, te recomiendo que hagas alguna tarea que no requiera pensar mucho.

También el agua ayuda a tranquilizarse. Es muy relajante lavarse las manos o darse un baño de tina.

Hay gente que se dice a sí misma "no debo enojarme" y trata de reprimir su enojo. Sin embargo, eso no es muy eficaz, porque es como si intentaras apagar un incendio solamente con desearlo.

La ira proviene de nuestro instinto, por eso no se puede eliminar totalmente. Lo mejor es recurrir a métodos preventivos o acciones de extinción inicial. Así resultará más conveniente para los involucrados.

Familia, pareja, amigos, colegas, jefes, superestrellas favoritas... Sin importar de quien se trate, es imposible que sean tal como tú quieres o deseas.

Cuando percibas el enojo, da un paso atrás y reconoce que "es fruto de mi propia ilusión", "es resultado de mis expectativas y caprichos". Cuando ya estés inmerso en un pleito, no arrojes más combustible y aléjate de allí para calmarte.

Estos son algunos secretos para que la ira no te desgaste.

2

¿Tus delirios acaso no han convertido a la persona que odias en un gigante?

La magnificación de la ira produce odio y resentimiento

Cuando nuestras ilusiones magnifican la ira, esa emoción se convierte en odio o resentimiento.

El odio es un sentimiento de desagrado o antipatía por algo o alguien hasta el punto de que su mera existencia resulta insoportable. El resentimiento surge cuando uno se siente perjudicado de algún modo por las acciones de otra persona.

Como ya lo mencioné antes, la ira no es una emoción que dure mucho tiempo, mientras no la alimentes con más combustible. Se calmará naturalmente e incluso te preguntarás: "¿Y por qué me enojé tanto?".

En otras palabras, puede decirse que el tiempo lo soluciona.

Sin embargo, el odio y el resentimiento son más complejos.

Si continúas echando gasolina a los sentimientos de odio y resentimiento, el fuego crecerá cada vez más, tanto que podría volverse un incendio incontrolable por ti mismo.

Además, puede causar graves daños, y hasta puede destruir tu mente y tu cuerpo. En los peores casos, esa emoción podría manifestarse de manera extrema o enfermiza, convirtiéndote en un acosador o un violador capaz de causar mucho daño a los demás.

El odio y la ira son como un monstruo gigante, resultado de la acumulación y de un mal encauzamiento. Incluso una pequeña chispa no es algo que deba desatenderse. Piensa que es la activación de una alarma en tu mente que suena para advertirte del inminente peligro.

La magnificación del odio siempre es perjudicial

La ira es una emoción que sentimos por naturaleza, y con frecuencia es necesaria. Eliminarla es imposible.

Sin embargo, el odio y el resentimiento son diferentes porque **son sentimientos absolutamente innecesarios para sobrevivir. No nos conviene tenerlos; al contrario, solo resultan nocivos.**

Cuando te pasa algo desagradable que te hace enfadar —eso en sí es algo inevitable—, ¿acaso no le agregas a lo sucedido más razones para odiar?

Por ejemplo, cuando hay una persona que no te agrada en el trabajo. Al principio te dices cosas como "Él es un poco antipático". Luego afirmas: "Siento que él me trata diferente" o "Cuando nos cruzamos me evade la mirada".

Así vas agregando combustible y eso hace crecer tu sentimiento de odio, volviéndolo cada vez más grande.

¿Será que con tu imaginación elaboras situaciones que convierten al odio en un gigante? Somos seres humanos, es natural que tengamos preferencias. Pero no debes permitir que esas preferencias se transformen en odio hacia alguien, porque los delirios autofabricados pueden seguir alimentando la emoción del odio.

En tu mente siguen creciendo esos delirios, aunque la otra persona no sepa nada al respecto. Así que, por más que la odies, no cambiará nada.

Al contrario, puedes provocarte un halo negativo que te alejará de la gente, incluso hasta aislarte por completo.

El odio y el resentimiento son una condición en la que la ira continúa sin cesar dentro de ti, se inflama y luego se abulta, como un cáncer. Es como tener un pólipo maligno en tu mente y seguir alimentándolo.

Sobra decir que esto no es bueno para tu salud.

Por muy insoportable que te parezca, la otra persona no será capaz de percibirlo ni de cambiar por sí misma. Porque es una ilusión que tú creaste y solo tú puedes resolver el problema. Nadie más te puede extirpar ese pólipo maligno que sigue creciendo en tu mente.

Recubrir la mente con cosas buenas

Es importante distinguir entre realidad e ilusión para no ser dominado por el odio o el resentimiento.

Debemos comprender que el odio y el resentimiento son emociones inútiles. Necesitas superarlas por ti mismo.

Por supuesto que no es algo tan fácil de hacer.

El odio se convierte en una emoción muy fuerte, se arraiga en tu mente, se aferra para permanecer allí. Entonces, ¿qué podemos hacer para liberar la mente invadida por negatividades?

Recubrir la mente con cosas buenas y actualizarla; no hay mejor opción.

En el capítulo V se comentará sobre esto más detalladamente, pero es muy importante cultivar los factores mentales buenos, y para esto se requiere una cierta *cura fundamental.*

Lo mismo sucede con el resentimiento. Por ejemplo, me consultan mucho sobre la violencia doméstica. Hay bastante gente que no puede perdonar a sus padres, aunque estos ya hayan muerto.

Un padre o una madre son seres humanos, así que también son torpes e ignorantes. Si intentamos descubrir por qué han maltratado a su propio hijo, podemos analizar su infancia o las dificultades que sufrieron; tal vez eso pueda aportar elementos que nos permitan una cierta compasión. Sin embargo, para la persona abusada es diferente. **No hay más que aceptar la realidad tal como es y recubrir la mente con elementos positivos por encima de lo negativo.** Aunque se quisiera una disculpa de parte de los agraviantes, esas personas ya no están presentes.

"Ve al cementerio y desahógate; expresa lo necesario frente a su tumba". Así lo recomiendo en muchas ocasiones. En el cementerio, ante un altar o en donde sea, expresar o confesar tus experiencias y sentimientos, pronunciar tus emociones en voz alta ayuda a analizar objetivamente tu mente para poder pensar o razonar con claridad.

Cuanto más maltratada está una persona, más especula con imágenes idealizadas de sus padres y piensa cosas como "Si hubiera tenido mejores padres, yo no sería así".

Sin embargo, cualquier persona crece más o menos insatisfecha con sus padres de algún modo. Además, cuando uno se vuelve padre, reconoce lo difícil de esa tarea.

Aun así, jamás podemos justificar el odio y el resentimiento. Les juro que esos sentimientos no sirven para nada bueno, lo digo por experiencia propia.

Tienes que saberlo: se trata de una emoción que, en última instancia, solo te causará daño a ti mismo.

Mientras tú odies a alguien jamás serás feliz. Es imposible que estés odiando y, al mismo tiempo, puedas afirmar: "Vivo sereno y feliz".

3

Abandona los juicios inútiles de *me gusta* y *no me gusta*

¿Estás obsesionado con un odio innecesario?

Así como el resentimiento, el odio es una emoción extensiva de la ira. Es un sentimiento que surge cuando uno quiere evitar o alejarse de algo.

El odio también presenta aspectos evitables e inevitables; algunos que se deben soltar y otros que no se deben soltar.

Por ejemplo, imagínate que de pronto se te aparece una serpiente o un ciempiés. Algunos fanáticos de los reptiles y los insectos estarían felices, pero la mayoría de las personas se asustarían o sentirían algo muy desagradable.

Es en momentos así cuando surgen sensaciones negativas y se piensan cosas como "qué asco" o "no me quiero ni acercar".

Ese tipo de odio es necesario. Es una sensación correcta para defenderse, pues existen animales venenosos. El cuerpo humano tiene un sensor en la parte del cerebro conocida como amígdala, la cual tiene la función de detectar el peligro. Esa sensación es necesaria para la sobrevivencia, así que funciona de manera automática e inconsciente.

Sin embargo, existen **otros tipos de odio que son innecesarios, sobre todo el odio que diriges a otras personas; ese hay que abandonarlo de inmediato.** Porque no es de tipo biológico, sino que surge como resultado de la socialización entre los seres humanos y del desarrollo cerebral, pero en realidad es inútil y solamente provoca una sobrecarga mental.

"Me cae muy mal esa persona".
"Nuestros valores son incompatibles".
"Esos extranjeros no tienen ética".

Entiendo que haya momentos en que te den ganas de decir frases como esas, pero trata de no dejar crecer más el odio en tu mente. Como cada uno tiene su propia personalidad, única y diferente, es natural que todos tengamos valores distintos.

Así como la cultura de otro país y la del nuestro son diferentes, también existen otras diferencias por el lugar de origen, el sexo o la edad; todo ello genera la diversidad de pensamientos.

Hay que comprender claramente que "mis valores y mi sentido común no son absolutos ni los únicos correctos". Jamás podremos imponer nuestro criterio a los demás, aunque lo intentemos, las otras personas no cambiarán. Esto es aplicable con tus padres, hermanos, maestros, amigos, pareja, colegas, gente famosa, los medios y con todos en general.

No tiene sentido juzgar a alguien desde la perspectiva de si te gusta o no, porque es diferente a ti o porque no están de acuerdo. Hacerlo de esa manera solamente provocará que acumules mayor carga negativa de odio en tu mente. **Puedes reconocer que "somos diferentes en ciertos puntos", pero no por eso necesitas juzgar si esa persona te gusta o no.**

Si tienes más *me gusta* que *no me gusta*, vivirás más tranquilamente

Cuando sientas que odias a una persona, piensa en ello y distingue si se trata de un odio necesario o innecesario. Deberíamos desarrollar esta manera de pensar como un hábito.

Si ese odio se dirige a un peligro contra tu vida, está bien que lo consideres correcto. Sin embargo, **si sientes odio a pesar de que no implique un riesgo, deberías pensar que eso proviene de tu ilusión y prejuicio.**

El criterio individual ha sido moldeado e impreso por la educación y el entorno de cada uno. Por lo tanto, no puedes aplicarlo a los demás. Hay que entenderlo así.

Esforzarse para aprender a distinguir qué tipo de odio es necesario o no, te dará la capacidad de observar mejor el mundo.

Con esa capacidad de discernimiento podrás ver sin problema otros aspectos de algo o alguien que suponías odiar.

"No me caía nada bien. Pero ahora veo que no es una mala persona. Es alguien más interesante de lo que imaginaba".

Si llegas a reflexionar así, es genial. Porque será evidencia de que lograste transformar una emoción negativa en una positiva. **Mientras sigas rechazando lo que no te gusta, no se te abrirá el mundo y seguirás sufriendo.**

Es mejor aceptarlo para abrirse a las posibilidades y así vivir más tranquilamente.

¿Has tenido alguna experiencia con una persona que te parecía muy terca o desagradable, pero que luego, al conocerla, supiste que era buena y agradable?

Seguramente sí, ¿verdad?

Por favor, recuerda esa sensación y tenla muy presente.

La manera en que mi superior me enseñó a quitarme un prejuicio

Cuando comencé a entrenar karate, en el mismo dojo había un compañero superior que no me agradaba. Se llamaba M.

Me permito decirlo honestamente: ¡lo odiaba, y mucho!

Todos los demás superiores del dojo eran mayores y más fuertes, pues yo apenas era un principiante. Por eso, todos ellos siempre se lo tomaban con calma cuando nos enfrentábamos en el entrenamiento, excepto el Sr. M.

Él jamás tomaba en cuenta que yo era un novato, siempre me atacaba sin ningún tipo de consideración. Me hacía pensar cosas como estas: "¿Por qué me trata tan mal? ¿Acaso no ve que soy principiante?", "Jamás perdonaré a M.". Así pensaba.

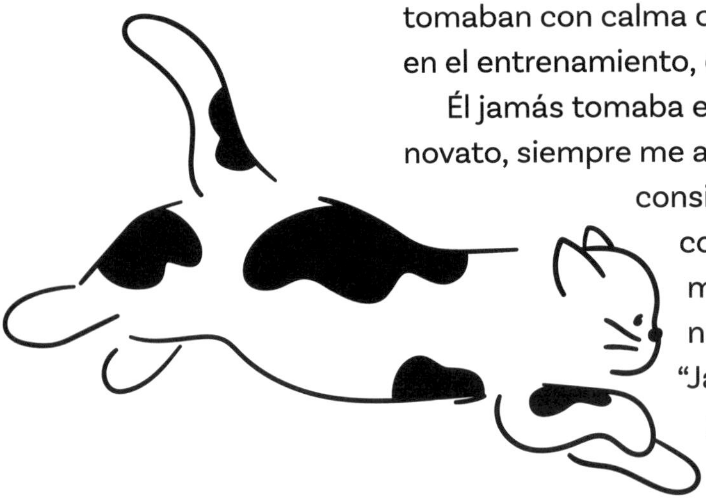

Con el paso del tiempo, llegó el día de una competencia nacional. Para mí fue la última competencia.

Cuando se decidió mi participación, me llegó un sobre grueso de parte del Sr. M. ¡Me sorprendió enormemente! El sobre contenía una extensa carta que M. me escribió a mano, muy detalladamente, respecto a mi técnica, mis puntos fuertes y mis debilidades.

No solo eso, también me escribió varios consejos sobre las estrategias, la distribución y el uso del tiempo en la competencia, además de otras cosas, incluso con ilustraciones.

El Sr. M. había analizado todo eso viendo los videos de mis competencias anteriores. ¡Fue algo verdaderamente sorprendente!, pues yo pensaba que el Sr. M me odiaba y que por eso me maltrataba.

Desde entonces quedé muy agradecido con él, porque cuando me acuerdo de esa anécdota, me hace reflexionar profundamente sobre la inutilidad del odio innecesario.

Insisto: aunque pienses que no te gusta alguien, si sabes observar con calma, lograrás ver que también tiene otros aspectos distintos. Te darás cuenta de que el odio que le tenías provenía de tus prejuicios. Así, se abrirá frente a ti un nuevo horizonte.

¡Es mejor pensar así!

Mientras actúes partiendo del odio innecesario, como si fuese tu motor, no obtendrás la verdadera felicidad. En cambio, si logras liberarte de ese sentimiento, vivirás feliz y satisfecho.

4
La envidia hacia una persona exitosa destruye tu mente

La envidia es una tremenda modalidad de ira hacia otra persona

"La muchacha que me gusta ya tiene una relación con alguien más".
"En mi trabajo solo tratan bien a mi colega que es más joven y bonita".
"Mi amiga siempre publica en sus redes sociales fotos disfrutando".

En tales casos, es natural que sintamos cierta envidia o celos.

Quizá esto puede sorprenderte, pero **la envidia se cataloga como un tipo de ira en el budismo.**
Al expresar: "¡Qué envidia!", se siente ira hacia la otra persona que está feliz.
¿Qué sucede entonces?

"Quiero conquistar a la persona que me gusta".
"Quiero que me amen y me traten mejor".
"Quiero disfrutar la vida más que otros".

Si piensas así, es por *lobha* (la codicia). Es el ansia o deseo intenso de obtener algo. **Sin embargo, cuando percibes que las personas que tú quieres prefieren más a otros que a ti, o cuando te enteras de que tus amigos viven mejor que tú, sientes el impulso de decir: "No puede ser que solo a ellos les vaya bien". Así surge en ti la ira.**

La envidia es una compleja mezcla de varias emociones, como ansiedad y odio, no solamente ira. Puede decirse que la complejidad es su mayor característica.
Por ejemplo, cuando se complica una relación amorosa, se llega a experimentar una sensación muy rara, e incluso se dicen frases como esta: "Me gusta y no me gusta a la vez".

Es un estado mental de confusión, pues tiene varias emociones entrecruzadas. Un adulto debería ser inteligente y saber manejarlo con calma, pero puede ofuscarse y ser capaz de ofender verbalmente o incluso atacar a la otra persona, tanto física como mentalmente. La envidia es muy problemática.

Algunos de los venenos que nublan la mente pueden suprimirse con facilidad, mientras que es muy difícil desintoxicarse de otros. Hay distintas formas de tratarlos.
Dentro de esos venenos, la envidia está en el grado más alto de dificultad.
En el budismo se dice que es una de las emociones más difíciles de tratar.

Envidia instintiva o envidia social

El mecanismo de la envidia es tan complejo que al considerarlo me hace pensar que los seres humanos somos verdaderamente muy interesantes.

"¿Qué haces?".
"¿A dónde fuiste?".
"Muéstrame el historial de tu celular".

Aunque sean una pareja de enamorados, si uno quiere vigilar al otro de tal manera, su pareja se cansará y podría desenamorarse.

Ahora veamos otro ejemplo. Una noche sales y te desvelas, sin avisarle a tu pareja, y luego al llegar a casa al otro día le confiesas: "Fui a tomar con unos compañeros de mi trabajo". Entonces tu pareja te responde: "Ah, okey", sin mostrar nada de interés. ¿Qué te parecería?

Puedes sentirte triste al suponer que no le importas nada, o puedes preocuparte con la duda de "¿será que ya no me quiere?". "Me hubiera gustado que mostrara aunque fuese un poco de celos", es lo que a veces se desea también.

¡Qué caprichosos somos los seres humanos!

La envidia también tiene dos aspectos, los que podemos abandonar y los que no.

Cuando te enteras de una infidelidad de tu pareja, surge en ti un instinto animal: "No puedo dejar que me roben a mi pareja". Ese tipo de celos o envidia es natural e inevitable.

Sin embargo, **la envidia que nos causa problemas es de otro tipo y no tiene que ver con nuestra naturaleza instintiva.**

"Él es de mi generación, pero ascendió laboralmente más rápido".

"Mi amigo está disfrutando de una vida más glamorosa que yo".

"Mi vecino tiene varios automóviles de lujo".

Estas frases muestran otro tipo de celos que no son producto de una envidia instintiva, sino que surgen de una combinación de información y experiencias que se han acumulado durante la vida.

Son valores socioeconómicos aprendidos de manera impositiva sobre el éxito y la vida ideal. Es el resultado de una evaluación comparativa entre los demás y uno mismo. Entonces es una envidia que surge en nosotros, los seres humanos, porque somos animales sociales.

Lo opuesto de la envidia es la alegría

"Yo misma no me agrado porque siempre me comparo y envidio a los demás".

Ahora, mediante las redes sociales, podemos asomarnos a la vida de otros con mucha facilidad; eso nos afecta de tal modo que en ocasiones puede provocarnos sensaciones de envidia innecesaria.

En realidad, la cura contra la envidia es muy simple: **cuando alguien esté feliz, súmate para felicitarlo y compartan la misma alegría.** Es lo más eficaz.

Pero por supuesto que no es algo tan fácil, pues todos tenemos un espíritu competitivo y sentimos envidia involuntariamente.

Un ejemplo es cuando vemos los juegos olímpicos: le echamos porras a alguno de los deportistas, aunque ni lo conozcamos en persona. Resulta que, si él gana la medalla de oro, lo felicitamos entre todos con mucha alegría.

En el budismo, la palaba contraria a envidia es alegría. Buda predicaba para fomentar la práctica de felicitar alegremente a los demás como si su felicidad fuese propia.

La envidia es un tipo de ira y es, además, uno de los tres venenos que expone la enseñanza budista, de tal manera que padecerla significa que tarde o temprano destruirá tu mente.

Cuando se trata de una persona totalmente ajena o de una situación muy distinta a la tuya, fácilmente puedes felicitar sin ningún problema. Sin embargo, cuando es alguien que conoces o que pertenece a tu círculo, sientes celos.

No creo que haya gente que sienta envidia por el jugador de beisbol Shohei Ohtani, ni por el golfista Hideki Matsuyama, ni por alguna otra superestrella de talla mundial, pero por un compañero de la escuela o del trabajo, seguro que sí. Se nos dificulta felicitarlo por sus logros con simple alegría. Por eso mismo tenemos que esforzarnos y practicar, para desarrollar la capacidad de felicitarles conscientemente.

Quien puede alegrarse por el éxito de los demás, puede ser feliz

Dicen que el famoso golfista Tiger Woods animaba a sus competidores, aunque estuvieran en la misma ronda de juego.

Generalmente uno desea que el otro pierda, porque quiere ganarle; sin embargo, él no quería tener imágenes de fracaso en su mente, aunque fueran por el tiro de otro golfista.

La razón es que desear el fracaso del otro proyecta y registra esa imagen como una impronta negativa en la propia mente. Por eso, él siempre deseaba el éxito del otro y lo felicitaba.

Si piensas así, es más fácil visualizar tu éxito en vez del fracaso, y resulta en un círculo positivo.

Conocer ese principio nos convence mucho más de lo importante que es la capacidad de felicitar alegremente a los demás.

Ahora les quiero compartir una anécdota.

Yo soy karateka, además de ser un reverendo budista. En el mismo dojo tuve un compañero, el joven X, quien tardó dieciséis años en obtener la cinta negra. Depende de la escuela de karate, pero en la que yo pertenezco, generalmente uno tarda entre ocho y diez años en obtenerla, así que al joven X le tomó mucho más tiempo.

El joven X era demasiado noble. Su prioridad era atender a los demás. Llegaba al extremo de olvidar su turno de competencia por apoyar en el entrenamiento de sus compañeros. Además, aunque sus colegas menores ascendían y lo rebasaban, a él no le importaba; al contrario, parecía que en realidad los felicitaba sinceramente, sin ninguna envidia.

No le iba muy bien en las competencias, pero todos los compañeros deseábamos que el joven X obtuviera la cinta negra, y pensábamos: "Si él no se merece una cinta negra, entonces ¿quién podría merecerla?".

Sin embargo, no existen circunstancias atenuantes en el examen de cinta negra. No podía vencer a sus colegas mayores, se caía una y otra vez.

Aun así, siguió esforzándose, y el día del examen en su décimo sexto año no se rindió, se esforzó hasta el último momento.

En su niñez lo maltrataban. Él quiso volverse fuerte, entró al dojo de karate y tardó muchos años, pero al fin obtuvo su cinta negra.

Se alegró tanto que hasta lloró. También todos nosotros, sus compañeros del dojo, lo felicitamos juntos.

No podía ganar en las competencias y sus colegas jóvenes lo rebasaban; aun así, él siempre felicitaba a los demás por sus éxitos. Por eso mismo todos lo querían y lo animaban, desde el fondo de su corazón.

Distinguir correctamente si quieres o no algo de verdad

"Sí, sí, todo eso está muy bien, pero me cuesta festejar el éxito de los demás". Si piensas así, ahora te enseño otros métodos para lograrlo.

Primero, construye relaciones humanas con quienes no necesites competir.

Por ejemplo, gente mayor o menor, o personas que trabajen en un campo muy diferente al tuyo. Si son personas que encontraste fuera de tu círculo cotidiano, no necesitarás compararte ni competir y te será posible relacionarte sin prejuicios.

Es natural que envidies a alguien, eso no está mal. Pero es importante que no te dejes llevar por un sentimiento negativo que te haría decir cosas como:

"Porque solamente ella...".

"Yo soy mejor que...".

"Qué envidia... pero bueno, yo soy yo. ¡Haré lo que pueda!".

Hay que pensar las cosas sin mezclar lo tuyo y lo suyo. De esta manera podrás liberarte de la frustración por la envidia. Por otro lado, **te recomiendo preguntarte a ti mismo cuando desees algo: "¿En verdad quiero eso?".**

Hay personas que siempre disfrutan de la vida rodeadas de mucha gente, entre comidas *gourmet* y productos de marcas de lujo. ¿Acaso se están dejando llevar por valores mundanos con suposiciones como “es mejor tener muchos amigos” o “tener productos de marcas lujosas es la evidencia del éxito”?

Si reflexionas bien, tal vez te podrás dar cuenta de que prefieres estar solo, o de que prefieres cosas que realmente te gustan en vez de productos caros de marcas famosas.

Date la oportunidad de escuchar tu propia mente y piensa: “¿Qué es lo que más me importa?”. Entonces te darás cuenta de que la sensación de envidia que te hace sufrir es simplemente una ilusión.

5

La clave para una vida sin remordimientos es cavar tu propia tumba lo más pronto posible

La ira contra uno mismo produce remordimientos

"Hubiera hecho tal o cual cosa en aquel momento".
"¿Por qué hice eso? No lo hubiera hecho".

A veces recordamos el pasado y nos arrepentimos.
Hallamos remordimientos referentes a hechos y omisiones.
En el fondo subyace una forma de ira contra uno mismo.
Por lo tanto, el remordimiento también es una emoción perteneciente al grupo de *dosa*, es decir, de la ira.

El arrepentimiento es una emoción que surge gracias a la memoria, pues se trata de recuerdos del pasado. Es algo propio de los seres humanos, casi con toda seguridad otros animales no lo tienen.

Al ver a mi perro o a los chivos que hay en el templo, no me hacen suponer que ellos estén arrepentidos de algo que pasó hace años. En cambio, los seres humanos tenemos un funcionamiento más sofisticado, por lo que podemos imaginar o recordar cosas y pensar:

> "Si hubiera hecho otra cosa en ese momento, hubiera resultado todo tan distinto...".

Sin importar cuanto te arrepientas, obviamente no es posible cambiar el pasado.

Únicamente vivimos el *ahora*. No existe otra opción más que hacer lo que se puede ahora mismo.

Cuando uno tiene remordimientos puede ver reducida su capacidad de tomar decisiones y hasta su desempeño laboral. **Es tanto el aferramiento al pasado que ya ni percibes cómo afecta al presente.**

Si estás arrepentido de un fracaso en el trabajo y no puedes dejar de pensar cosas como "¿Por qué hice eso?", esa actitud reduce tu efectividad para tu siguiente trabajo y no serás productivo.

Es mejor cambiar el ánimo pensando: "Estaré más atendo para no cometer el mismo error". Así lograrás dar el máximo esfuerzo en el trabajo de allí en adelante.

Puedes compensar un fracaso con un buen trabajo. Pero si continúas absorto en tu remordimiento, no solamente reducirás la calidad en tu siguiente trabajo, sino que puedes incluso llegar a enfermarte, tanto física como mentalmente.

El remordimiento es una forma de autoflagelación

“Puedes reflexionar, pero no necesitas el remordimiento. Eso no tiene ningún sentido”. Así predicó Buda.

Enseñó precisamente lo inútil del remordimiento.

“Hubiera hecho tal o cual cosa”, “No hubiera hecho eso”. Ese tipo de remordimientos son como si apuñalaras a tu propio corazón.

Es revivir, voluntaria e insistentemente, la amargura que sentiste en el pasado.

Piensa que arrepentirte de algo repetidamente es igual que apuñalarte varias veces a ti mismo. Puede calmarse un tiempo, pero en uno o dos años lo recordarás nuevamente con la misma amargura. Si repites eso, quedarás lleno de heridas y traumas.

Se puede decir que es un acto de autolesión, pues eres tú mismo quien te estás lastimando.

Es inevitable tener remordimientos; pero, en lugar de simplemente arrepentirte, es importante analizar objetivamente por qué pasó todo eso, con lo cual podrás tener una actitud positiva para aprender de lo sucedido y

capacitarte para mejorar en el futuro.
A esto se le llama *reflexión*, que es diferente al remordimiento. Buda nos recomendó reflexionar.

Si quieres disfrutar del remordimiento a propósito, también es válido.
"Yo era un niño. ¿Por qué me atreví a hacer eso? ¡Qué terrible es la juventud!".

Si puedes reírte de ti mismo, contigo mismo o ante otros, quiere decir que has logrado ver objetivamente tus emociones y conductas del pasado. Si puedes convertir tu "negra historia" en un tema gracioso, ya no te lastimará ese recuerdo. Es decir, la clave está en la manera en la que abordas y consideras lo sucedido. Lo importante es cómo pensar en ello y cómo procesarlo en tu mente.

Por más que culpes a los demás, no se borrará tu sufrimiento

Reconoce que tú decidiste hacerlo o no hacerlo. No culpes a los demás. Es bueno tomar esta actitud cuando estés sintiendo algún arrepentimiento.

"Ingresé a este colegio por recomendación de mis padres". "Le hice caso a fulano, y mira nada más lo que pasó".

Si piensas así, quiere decir que estás culpando a los demás.

Sea cual sea tu relación con la otra persona, sea cual sea el consejo que te haya dado, en última instancia fuiste tú quien actuó en consecuencia. Quien tomó la decisión fuiste tú, nadie más.

Después de arrepentirte un rato, no culpes a otros y ponte a reflexionar. Piensa: "Yo fui un tonto, pero ya no volveré a cometer el mismo error".

Para evitar que después culpes a los demás, **antes de actuar o decidir algo, pregúntate a ti mismo: "¿Es lo que verdaderamente quiero hacer?", "¿Es lo que deseo desde el corazón?". Y solo en caso de que así sea, hazlo.**

Enfrentarte a ti mismo y pensar por ti mismo requiere mucha energía y fuerza mental, puesto que es un proceso muy intenso. Es mucho más fácil tomar una decisión aceptando lo que otros nos dicen, por eso solemos hacerlo. Pero para vivir una vida sin remordimientos, no debes renunciar a pensar por ti mismo.

Si realizas algo por decisión propia, después de pensar detenidamente, ya convencido, aunque resulte desfavorable podrás decirte: “Es lo que yo escogí”. Quizá sea imposible tener cero remordimientos, pero así seguramente serán muchos menos.

También es bueno cambiar la evaluación sobre lo sucedido.

Cuando yo era pequeño, me quemé gravemente por no obedecer a mis padres.

“No te vistas junto al calefactor, porque te puedes quemar”. Así me decía mi madre, pero en ausencia de mis padres me vestía allí. Una vez llegó mi hermanita, que me quería copiar para hacer lo mismo; peleamos por el lugar, se cayó el tazón de agua hirviendo que estaba encima del calefactor y me quemé. Aún tengo la cicatriz de aquella quemadura.

Me operaron varias veces por eso, incluso tuve que usar una silla de ruedas por una temporada. Fue un gran impacto que me causaba mucho arrepentimiento por haber desobedecido a mis padres. Sentía mucha pena.

Sin embargo, al crecer comencé a considerar el acontecimiento como una advertencia. Ahora cada vez que veo mi herida pienso: "El exceso de confianza me daña. Hay que obedecer las indicaciones".

Es una valiosa herida que me detiene para no repetir el mismo error.

Creo que a algunas personas les puede tomar tiempo llegar a pensar de ese modo. Pero **vale la pena cambiar el punto de vista, porque así es posible despedirse del remordimiento.**

Cava tu propia tumba mientras estás vivo

El remordimiento extremo puede suceder en el último momento de la vida. Dirás antes de morir: “Lo hubiera hecho”, “Lo hubiera dicho”. Respecto de una persona fallecida: “Le hubiera dicho esto o lo otro”.

Arrepentirse así de algo en esos momentos ya no tiene remedio.

Por eso, mientras seas joven puedes arrepentirte de muchas cosas y aprender, sin estancarte y sabiendo reflexionar para liberarte del remordimiento.

Es bueno fracasar.
Es bueno reflexionar.
Pero no es bueno el remordimiento.
A partir de ahora, pensemos así.

Mientras uno vive con salud, aún es posible hacer algo para recuperar la confianza o compensar sobre alguna cosa. Puede decirse que aún hay esperanza y oportunidad.

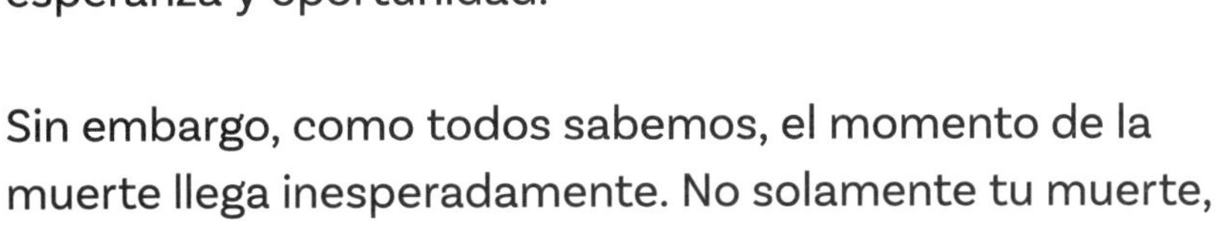

Sin embargo, como todos sabemos, el momento de la muerte llega inesperadamente. No solamente tu muerte, sino la de los demás. **Para vivir la vida sin remordimiento es importante enfrentar las frustraciones que tienes en tu mente y atenderlas a tiempo. No las ignores.**

Mi maestro me solía decir: "Cava tu propia tumba lo más pronto posible".

Cavar tu propia tumba popularmente quiere decir "destruirte tú mismo", pero mi maestro lo decía en otro sentido: construir tu propia tumba, literalmente. Cavar tu propia tumba mientras estás vivo te ayuda a vivir más tranquilo. No se trata de algo mágico ni fantasioso. **Saber que un día morirás y usarás esa tumba te hace ser consciente de tu propia muerte y vivir con más determinación, apreciando cada día sin desperdiciar ni un momento.**

Cuando lo escuché por primera vez no comprendí su intención, pero ahora entiendo muy bien esa gran verdad. Cavar tu propia tumba antes de morir es un enorme estímulo para vivir plenamente sin remordimientos.

Por lo tanto, toma tus decisiones como si hoy fuese tu último día. Sé consciente de vivir aquí y ahora con total plenitud. Así tendrás cada vez menos arrepentimiento.

6

Ejercítate en marginar por un momento la tristeza

En realidad, la tristeza también es parte de la ira

Quizá saberlo les cause sorpresa, pero **en el budismo, la tristeza también es parte de la ira.**

Cuando uno está triste dice “me duele el corazón”, ¿cierto? Cuando el corazón es atacado o se pierde algo que teníamos, surge la emoción de la tristeza.

Esto funciona con el mismo mecanismo que cuando se recibe un golpe físico que duele y provoca ira. Por eso se considera que la tristeza y la ira son similares.

Un ejemplo es cuando se está en problemas y la situación se pone difícil: unos se enfadan y se resisten, pero hay quienes se entristecen y lloran. Pasa lo mismo, pero dependiendo de las circunstancias o del carácter personal, la emoción resultante puede oscilar entre la ira o la tristeza. Por lo tanto, ambas emociones pertenecen a la misma categoría.

La tristeza se percibe en el córtex frontal, la parte del cerebro responsable de la memoria y el control emocional. El cerebro humano maduro tiene una memoria excelente, lo que dificulta olvidar sucesos tristes ocurridos en el pasado. Por eso los seres humanos lloran al recordar a personas fallecidas hace ya muchos años.

Se dice que también otros animales pueden sentir tristeza por lo que está pasando frente a ellos. Sin embargo, la capacidad de la memoria y la imaginación de los humanos es tan extraordinaria que el cerebro puede sentir tristeza convocando toda la información disponible, no solamente lo aprendido por sí mismo, sino hasta lo que se ha escuchado o leído respecto de otras personas.

A veces sucede que, por la imaginación tan desbordada, uno se preocupa por el porvenir y se entristece. Por ejemplo, si tu padre o madre se enferma y el doctor te dice que solo le queda medio año de vida, ¿cómo te sentirías? Aún está vivo y contigo, pero te anticipas a los hechos e imaginas su partida. Eso te desespera, te entristece y te salen lágrimas, ¿no es cierto?

Es un privilegio que solo tenemos los seres humanos, pero al mismo tiempo es una dificultad que continuamente nos produce sufrimiento. Creo que a otros animales no les sucede eso de entristecerse por imaginar el futuro.

Recuerda la impermanencia

Cuando sentimos una profunda tristeza perdemos la objetividad para observar nuestra propia mente.

Por ejemplo, todos sabemos que nuestra vida terminará un día.

Sin embargo, si algún ser querido está por morir o nuestra mascota tiene una enfermedad fatal, perdemos la objetividad y nos volvemos incapaces de enfrentar la inevitable realidad.

Cada vez que aparece la tristeza en nosotros, nuestras creencias se debilitan. Dicho de otro modo: nuestro ego, la ilusión y los prejuicios que albergamos en la mente se despiertan.

Crees equivocadamente que tus padres estarán contigo y te protegerán por siempre, o que tu relación amorosa será eterna; por eso, cuando los pierdas, la tristeza será aún más fuerte.

Entre más tercamente mantengas tus falsas ilusiones, más insoportable será la tristeza en un suceso que sacuda tus creencias.

Cuando estás calmado y te observas a ti mismo con objetividad puedes comprender muy bien que, en general, los ancianos mueren antes que los jóvenes y que las relaciones amorosas terminan algún día. Pero aun así, a veces aparece en ti otra parte que resiente la pérdida y se niega a aceptarlo, diciendo "no es cierto". Eso te conduce al abismo de la tristeza.

En fin, la tristeza surge mayormente cuando te separas de tus seres queridos o te sientes atacado por alguien.

Aparece cuando se rompe la esperanza o se desvanece el deseo que habías desarrollado en tu mente.

Entiendo que no quieras aceptar lo que sucede, pues se te han ido las cosas o los seres que querías cerca de ti. Sin embargo, ahora quiero que recuerdes la impermanencia. **Todas las cosas son temporales y están en constante cambio, no hay nada que permanezca para siempre.** No olvidemos eso.

Cuando se pierde un ser querido, tal vez un miembro de la familia, un amor o un amigo, sé qué es muy triste. Pero cuando eres consciente de que todas las relaciones terminan siempre en una separación, será muy diferente el grado de tristeza que te afecte.

Esta es una técnica para controlar la emoción de la tristeza.

Una técnica eficaz para controlar la tristeza

Es bueno dejar la tristeza a un lado por un momento.

Por ejemplo, imagínate que recién te han roto el corazón y justo enseguida te asignan a otro departamento en tu trabajo. Entonces tendrás que aprender muchas cosas nuevas y construir nuevas relaciones humanas. Estarás muy ocupado, tan entretenido que no tendrás tiempo ni energía para pensar en el amor perdido.

Como la situación mencionada, **es recomendable situarte a propósito en circunstancias que te obliguen a concentrarte en una tarea prioritaria.**

Si fuese posible, podrías cambiar de trabajo, mudarte, viajar o tomar unas clases para aprender algo diferente. Eso te ayudará a apaciguar la tristeza que sientas en el corazón, porque generarás otro estado de ánimo ante los nuevos retos.

No es recomendable que sigas en el mismo lugar o que te quedes en un entorno donde recuerdes fácilmente las cosas que causaron tu tristeza. Así sería más difícil cambiar tu ánimo y seguirías deprimido.

La clave está en observar las propias emociones de forma objetiva e inteligente. Pensar con lógica y actuar con consciencia de que "estoy haciéndolo por mi voluntad para dejar atrás la tristeza". De esta manera podrás ir controlando tu tristeza.

En ese sentido, la estructura seriada de los rituales luctuosos en Japón es algo muy bien diseñado. Cuando fallece alguien cercano surge una gran tristeza, pero enseguida te verás obligado a avisarle a su gente, buscar una funeraria, preparar el velorio y todo el evento del funeral. Tendrás que realizar muchas cosas. Luego será la cremación o la inhumación. Después deberás recibir las visitas de cortesía. Pasado el funeral será necesario ir a las oficinas de gobierno por diversos trámites. Son tantas las cosas por hacer que no tendrás espacio ni para respirar, y hasta dirás: "No he tenido tiempo de sentir mi tristeza".

Así pasarán las primeras semanas, hasta que lleguen los ritos del día cuadragésimo noveno, según la tradición budista japonesa. Estoy seguro de que, para entonces, los deudos y demás dolientes estarán más calmados. Los primeros días posteriores al fallecimiento son de mucha tristeza, pero cuando hay cosas que hacer, mientras estén ocupados en esas tareas, la tristeza disminuirá poco a poco.

Las ceremonias luctuosas cumplen una gran función para ayudar a sanar nuestra tristeza y ordenar la mente para aceptar la pérdida.

Lo que aparece después de la tristeza

Por último, les quiero decir que también es bueno entristecerse a fondo.

Las emociones humanas, por abrumadoras que sean, siempre terminan calmándose con la liberación de la hormona serotonina en el cerebro. Por supuesto que existirán diferencias entre cada individuo, pero **después de que la tristeza llega al clímax, la emoción se enfoca en el aspecto positivo por esa función hormonal.**

Después del gran terremoto en el noreste de Japón en marzo de 2011, fui varias veces a la zona afectada como voluntario.

La tristeza que sintieron las víctimas inmediatamente después de la catástrofe era inimaginable.

Sin embargo, cuando hablé con ellos unos años después, decían cosas como esto: "¿Ya qué? No podemos cambiar lo que pasó, hay que echarle ganas de aquí en adelante".

Me imagino que ellos se entristecieron al máximo, y por eso mismo después pudieron comprender que no podrían salir adelante si se quedaban estancados en la tristeza.

Una vez que se llega a tal punto, la razón se sobrepone a la emoción y se logra pensar lógicamente sobre qué hacer para actuar en concreto en la recuperación necesaria tras el desastre. Eso pensé al verlos.

La tristeza es un sentimiento muy intenso, pero no se le debe negar ni simplemente soportar. No debes sellar tu corazón para evitar sentirla. Si lo haces, tu corazón jamás se curará, lo cual podría enfermarte mental y físicamente.

La clave está en vivir cada día sin olvidar la verdad sobre la impermanencia; sabiendo que, sin excepción, algún día perderás las cosas que te gustan. Trata de enfrentarte a ti mismo de la manera más objetiva que puedas. Ocasionalmente te entristecerás al máximo, y otras veces podrás dejar a un lado tu tristeza. Esforzándote de este modo, lograrás controlar esa difícil emoción. La constancia en ello te construirá una vida con menos sufrimiento que ahora.

Capítulo III

¿Cómo superar el muro de la ignorancia?

1

Puedes disolver tu sensación de angustia si descubres la causa

Especular sobre el futuro provoca ansiedad

A veces surge una sensación de angustia aun sin que suceda nada en concreto.

La ansiedad es una combinación de memoria e imaginación, las cuales son resultado del desarrollo cerebral de los seres humanos.

Como lo mencioné en el capítulo II en relación con la tristeza, las emociones catalogadas en el grupo de la ira surgen del pasado o del presente. En cambio, **la ansiedad surge cuando uno especula sobre el futuro.**

Preocuparse por el futuro y pensar estrategias de prevención es importante para evitar los peligros y sobrevivir. Sin embargo, hay preocupaciones que sí debemos tener y otras que no.

Por ejemplo, imagina que presentarás un examen. Te preguntas: "¿Qué sucederá si repruebo?", y eso te impulsa a estudiar con ahínco.

En este caso, esa ansiedad te motiva y hace que te esfuerces para lograr tu objetivo. Así que eso está bien.

Pero si solamente tienes la sensación de inquietud, no sabes qué hacer y no haces nada al respecto, entonces ese tipo de ansiedad no tiene sentido y no deberías experimentarla.

Lo importante es saber claramente por qué estás sintiendo angustia y tomar acciones concretas para eliminar la causa del problema.

Si es una preocupación de la que no te puedes ocupar concretamente, no te sirve tenerla; al contrario, solo te hará sentir más ansioso.

Si quieres liberarte de la ansiedad, debes distinguir con claridad de qué tipo se trata.

El miedo es la emoción más peligrosa en la sociedad moderna

El miedo es una emoción semejante a la ansiedad. Es provocado por algo físico, por algo psicológico o por ambos.

Por ejemplo, cuando te encuentras con un ser más grande y fuerte que tú, sientes miedo porque ves en riesgo tu vida. Es un instinto animal. Es decir, es algo programado en todos los seres vivos para su defensa, **es una emoción esencial para evitar peligros.**

Por otro lado, en la sociedad moderna parece que muchas personas tienen dificultades para vivir, pues presuponen peligros aunque no exista nada que sea un riesgo para su vida.

En ese sentido, **pienso que es una emoción que hay que tratar más cuidadosamente.**

Por ejemplo, ingresas a una empresa, trabajas y obtienes tu paga. No parece tan malo el hecho de tener una gran motivación por desear un salario alto: “Ya gano un millón de yenes, ahora ganaré dos”.

Pero esa situación es como un arma de doble filo, porque al mismo tiempo estarás sintiendo miedo de perder dinero o la obsesión por tener más.

Lo peor es que hay mucha gente que abusa de esas sensaciones.

Quizá me desvíe un poco, pero existen algunas sectas religiosas que dicen cosas como:

“Si no haces tal cosa te irás al infierno”.

“Si haces esto o aquello te pasará algo malo”.

Te amenazan con cosas inexistentes solo para hacerte sentir angustiado.

En la sociedad moderna suele suceder que uno cree que actúa por motivaciones positivas, pero en realidad su motor es el miedo o el control ajeno.

Le tenemos menos miedo a las cosas físicas, como el agua, el fuego o un león, que el que le tenemos a las cosas invisibles. Siento que ese miedo psicológico que tenemos es provocado por la sociedad moderna.

La ansiedad se va transformando en miedo sin darnos cuenta

"No te preocupes por la vejez".

"No te preocupes por tu muerte".

¿Verdad que es algo fácil de decir, pero difícil de aplicar?

Es interesante conocer que otros animales no saben que un día se morirán; por lo tanto, no sienten miedo por eso.

Los perros y los gatos no especulan cosas como "¿A qué edad moriré?". En cambio, nosotros nos preocupamos por el futuro y decimos "¿Qué haré si me enfermo?", y así cuidamos nuestra salud. También decimos "Hay que ahorrar mucho para vivir tranquilamente en la vejez" y planificamos para ello.

Esas preocupaciones pueden servir para vivir con alegría y dignidad.

Por el contrario, quien no es consciente de su envejecimiento, suele ser excesivamente confiado.

Hay muchas personas de la tercera edad que conducen su automóvil creyendo "yo estoy bien" y terminan provocando accidentes viales. Eso pasa porque no se dan cuenta de que están perdiendo su capacidad de juicio y no se preocupan por el hecho de que pueden atropellar a alguien.

Primero que nada, es importante **enfrentar correctamente tu preocupación sin forzarte a ignorar la ansiedad.**

No te digo que tengas que *cruzar un puente de piedra golpeándolo para comprobar su resistencia a cada paso* (es un dicho popular japonés que significa tomar demasiadas precauciones), pero no hay que olvidar que existen preocupaciones necesarias para evitar los riesgos.

Lo temible es que, al sentir una ansiedad innecesaria, esto provoque otras nuevas ansiedades y estas se vayan transformando en miedo.

En los noticieros aparecen varios ejemplos tan escandalosos que provocan pánico en la gente.

Cuando domina el miedo no se piensa con inteligencia y se pierde el control. En el peor de los casos, alguien con mala intención puede abusar de eso, y la víctima terminaría enfermándose física y mentalmente. No debería suceder algo tan irracional.

Ahora no solamente las sectas turbias, los seminarios de inversión o los cursos de liderazgo, sino incluso algunas empresas, medios de comunicación y hasta los gobiernos, estimulan nuestras ansiedades de manera permanente y subliminal.

Primero solo sientes algo de inquietud, pero al escuchar diferentes anécdotas negativas sobre los demás, esa inquietud se vuelve miedo. Cuando llegas a ese estado psicológico que te hace perder el control, se aprovechan de ti para engañarte.

Siempre vivimos con algunas preocupaciones pues hay factores que nos provocan ansiedad, como el covid-19, la devaluación o las guerras en varias latitudes.

¿Qué pasaría si un criminal profesional con alto conocimiento psicológico nos pone una trampa abusando de esas inquietudes? Él sabe de nuestras debilidades desde el principio; en esas condiciones, es difícil distinguir entre lo bueno y lo malo.

La ansiedad es tan potente que, cuando hay una epidemia de pánico, puede tener una inmensa energía capaz de mover el mundo. Como cuando sucedió la escasez de papel higiénico debido a la crisis del petróleo o la quiebra de un banco provocada por la broma de una adolescente; la ansiedad crece hasta convertirse en un miedo masivo.

Hay que reconocer que se siente ansiedad o miedo

"¿Qué puedo hacer para recuperar la racionalidad?".

Para eso, meditamos.

Una vez al día hay que darse el tiempo para conocer y reconocer las propias emociones y preguntarse: "¿Esta ansiedad es necesaria?".

Es importante visualizar concretamente el contenido de la ansiedad en lugar de simplemente sentir una ansiedad ambigua. Si meditas puedes tener una idea más clara al respecto. Es recomendable escribir esas ideas; de esta manera podrás tener información sobre tu inquietud y preparar los métodos precisos para resolverla.

Recuerdo que me moría de ansias cuando participé en mi primera competencia nacional de karate. Entonces mis superiores simplemente me dijeron: “Practica”.

Enfrenté mis inquietudes y practiqué y practiqué a fondo. Luego ya me sentí con más confianza y me dije: “He practicado tanto que ya estoy listo”.

Quizá es imposible eliminar las preocupaciones por completo, pero si hiciste todo lo que podías, podrás decir: “Hice lo mejor que pude, así que aceptaré lo que venga”.

También es bueno pedir el consejo de un profesional de ese campo o de un psicólogo.

“No puedo ver mis propias ansias, por eso no puedo pensar las cosas fríamente”.

Si estás en riesgo de que tu ansiedad se convierta en miedo, no intentes solucionarlo tú solo. Te recomiendo buscar ayuda de los demás.

Por ejemplo, si estás preocupado por el dinero para el futuro, consulta con algún planificador financiero. Si estás

ansioso por tu trabajo, acude con un orientador laboral.
Si esos profesionales no están cerca de ti, puedes consultar con un amigo o conocido confiable.

El hecho de hablar con otros sobre tu mente dominada por las emociones conflictivas te beneficia al obtener un punto de vista más frío de una tercera persona. Eso te ayudará a observar tu mente con objetividad.

Al final, tú tienes que descubrir tu propia estrategia, pero para lograrlo es valioso que alguien te escuche. Lo que transmito a través de mi programa de YouTube *Una pregunta, una respuesta - con Osho Taigu* es para recordarte la racionalidad perdida. Es como echar agua fría sobre la mente confusa. Te propongo otras formas de pensar para que distingas la verdadera causa de las inquietudes que sientes.

Es bueno pedir consejo a un familiar, pero pedírselo a una tercera persona es muy importante.

Si existe un familiar bastante firme, está bien. Pero generalmente los familiares tienen sentimientos de empatía demasiado fuertes que podrían hacerlos caer al mismo abismo, sufrir juntos y ambos perder el control racional.

Hay dos maneras que funcionan cuando debemos tomar una decisión. Una es la intuición por la experiencia y la otra es el pensamiento lógico.

En ocasiones la intuición atina, pero a veces no. Comúnmente se basa en los prejuicios aprendidos y no en los datos concretos.

En caso de que decidas según tu intuición, puede resultar algo inesperado, o tal vez sea imposible realizar la elección correcta. El budismo propone asumir con inteligencia cualquier resultado.

Lo más importante es no negar la ansiedad o el miedo, aceptar que estás sintiendo esas emociones y tener claro el asunto que las provoca. Asumiendo la realidad, da un paso atrás para reflexionar: "¿Esto es verdaderamente algo tan terrible?".

Esta es la sabiduría de Buda y, en conclusión, también es el mejor tratamiento contra la ansiedad.

2
Cuando conoces la prioridad de tu vida, ya no te inquietas

La inquietud está entre la esperanza y la desesperación

La inquietud es una emoción cercana a la angustia.

"No puedo tener los resultados que quiero en mi trabajo".
"No podré realizar mi plan de vida".
"Me quiero casar, pero no me ha ido bien".

Puedes sentir inquietud sobre temas generales como estos. Pero también te frustras por situaciones irregulares en la vida cotidiana, como las siguientes:

"Mi jefe me pidió un trabajo urgente".

"Me sucedió un contratiempo y llegaré tarde a mi compromiso".

En todos los casos se trata de estados de inquietud en donde se pierde la calma.

En comparación con la angustia o el miedo, se puede tener algo de esperanza al respecto, pero no hay estrategias concretas para tratarse; así es la inquietud.

Convertir la inquietud en energía positiva

La inquietud es raramente compleja porque, aunque se sabe que no hay modo de cambiar una situación, es difícil contener esa emoción. Por eso, la inquietud puede causar accidentes, o muchas veces se dirige contra los demás y afecta las relaciones humanas.

Por ejemplo, cuando ocurre el retraso de un tren por un accidente que es ajeno a la responsabilidad de la empresa ferroviaria, hay gente que se enoja con los trabajadores que están dedicados a controlar el caos. Aunque se enojen, no se moverá el tren. Al ver a esas personas pienso que no tienen calma en su mente.

Siempre suceden fracasos a causa de la inquietud.

No hay nada bueno en estar siempre inquieto. La gente inquieta no sabe despejar su mente y por ello puede acumular mucho más estrés que la gente relajada.

Sin embargo, no es necesario rechazar por completo la emoción de la inquietud. No sé si es adecuada la expresión, pero resulta paradójico que existan situaciones en las que sirve la inquietud.

Por ejemplo, en algún trabajo que requiere creatividad. He escuchado con frecuencia que, cuando se está muy estresado por el tiempo límite de entrega, de pronto *llega* una idea brillante y se logra crear una obra maravillosa. O cuando uno es consciente de que está en una situación de crisis, esa consciencia trabaja para calmar la mente y resulta en algo así como cuando brota un *superpoder* en un incendio, y de esa manera surge una energía extraordinaria para salir adelante.

Estar inquieto por falta de preparación u otras razones obvias no está bien; además, se vuelve una molestia para otros. Sin embargo, creo que no está nada mal, de vez en cuando, tener experiencias de cierta inquietud.

Tener clara cuál es la prioridad

Aunque sería ideal librarse de esa sensación de inquietud, ¿verdad? ¿Qué podemos hacer para lograrlo?

No es la panacea, pero como ya lo he mencionado, es posible aprovechar la inquietud para convertirla en una fuerza positiva.

Es importante tener claro cuál es la prioridad en relación con las situaciones o asuntos que te inquietan. **Aunque la mente esté llena de inquietudes, si intentas pensar objetiva y racionalmente sobre la mejor manera de actuar en una determinada circunstancia, eso puede disminuir la inquietud poco a poco.**

Por ejemplo, si tu jefe es autoritario y siempre te está presionando, ¡imagina la inquietud que te provoca! Sin embargo, si logras comprender que así es y tratas de acostumbrarte a eso, disminuirá la inquietud naturalmente.

La inquietud ocurre cuando la mente y el cuerpo están tensos. La tensión es una advertencia del cuerpo para pedirte que te concentres en algo, así que debes apreciarla como una oportunidad para pensar o atender eso de lo cual te advierte.

A veces se sienten inquietudes más ambiguas, por ejemplo:

"Mis amigos ya están casados, pero yo aún no".

"Mis colegas de la misma generación están ascendiendo, ¿y yo?".

En esos casos, igual que como tratamos la angustia, **hay que tener claro sobre qué asunto estoy sintiendo inquietud y qué es lo que me importa más, para así saber cuál es la prioridad.**

Si lo que quieres es casarte lo más pronto posible, puedes acudir a una agencia matrimonial o pedir a tus amigos que te presenten a alguien. Aunque si reflexionas a fondo, quizá descubras que tu inquietud se debe a la presión social y, al escuchar tu verdadera voz, tal vez te revele algo distinto: que ahora quieres concentrarte más en el trabajo que en casarte.

Conocer tu inquietud con claridad y luego actuar concretamente al respecto puede hacer que disminuya tal inquietud.

Padecer un estado crónico de tensión por inquietud te afectará en tu cuerpo y tu mente, e incluso podrías enfermarte. Para prevenirlo, intenta no dejarte arrastrar por la inquietud.

Acostúmbrate, adáptate, aprovecha, piensa concretamente y define tu prioridad. ¡Practiquemos esto!

3
Evalúa a una persona por lo que hace, no por lo que dice

Primero, duda de todo

En los dos capítulos anteriores hablamos sobre la ansiedad y el miedo. Cuando se acumulan experiencias de ansiedad y miedo, se va formando en la mente la emoción de la desconfianza.

Como comenté en la parte referente al miedo, existe un miedo esencial para la sobrevivencia. Cuando la vida de los seres humanos estaba expuesta al peligro frente a otros animales carnívoros, el miedo y la desconfianza servían para tomar precauciones y sobrevivir.

Ahora ya no aparecen frente a nosotros tales animales peligrosos, sin embargo, creo que es muy importante tener un sentido de desconfianza hacia las cosas que dañan nuestra mente.

En el trabajo o en la vida personal siempre existen personas buenas, pero también personas con mala intención que quieren engañar a los demás. La sociedad actual está llena de fraudes de inversión y estafas piramidales, entre otras trampas, así que es muy importante dudar primero. Es otro tipo de desconfianza, diferente al de la antigüedad, pero es un sentido necesario para la sobrevivencia.

La sana desconfianza es necesaria para la vida

Sin embargo, aunque sea necesaria, cuando es demasiada puede provocar estrés. Estar todo el tiempo sospechando o temiendo a los demás —"¿Será confiable?", "Seguramente me va a engañar"— es algo muy cansado.

Entre más ansiedad y miedo tienes, más desconfiado te vuelves. Puede decirse que es un temor provocado por algún tipo de riesgo que te afecta.

Hay que tomar en cuenta que, **si desconfías constantemente de los demás, también ellos pueden desconfiar de ti.**

"¿Será cierto?".

"¿Estará mintiendo?".

Si miras siempre con ese grado de desconfianza, nadie querrá acercarse a ti.

Tener una sana desconfianza es importante, pero el exceso de desconfianza genera una obsesión que hasta podría dañar tu cuerpo y tu mente. Asimismo, los demás también desconfiarán de ti y podrían abandonarte.

Por ejemplo, en la escuela de manejo nos enseñan a anticipar riesgos. Tenemos que pensar que un peatón podría salir de cualquier lugar.

Este modo de pensar es igual a lo que propone el budismo.

Sin desconfianza, no es posible manejar con seguridad. Pero si desconfías demasiado, tendrás miedo y no podrás manejar.

Buda nos enseña que *siempre debemos observarnos a nosotros mismos y tener autocontrol.* Esto quiere decir que si no tienes cierta desconfianza, incluso en ti mismo, puedes desarrollar arrogancia. Es mejor pensar: "Soy capaz de cometer errores".

En cambio, cuando tienes exceso de desconfianza en ti mismo y en los demás, terminas encerrándote en tu propia cárcel mental sin poder avanzar más. El equilibrio es esencial en todo.

Usa tu propio criterio y contrasta tu pensamiento con una persona confiable

Creer ciegamente lo que dice alguien, sin ninguna crítica ni duda, es *moha*, es decir, ignorancia.

Buda siempre les decía a sus discípulos después de una prédica: "Si tienen preguntas o dudas sobre lo que digo, por favor, pregúntenme sin temor".

Si nadie levantaba la mano, lo repetía nuevamente, otra vez y hasta tres veces más, hasta que todos estuviesen convencidos.

Incluso si la otra parte fuese Buda, no debería aceptarse ciegamente lo que diga. Más bien, habría que dudar.

Así lo enseñó el mismo Buda.

Por cierto, también dijo Buda que "aunque alguien ignorante piense mucho y saque una conclusión racional según su propio criterio, mientras sea ignorante, su conclusión seguirá basándose en la ignorancia".

"Un ignorante no debe juzgar por sí solo, es mejor que escuche a un sabio y compare su idea con la del sabio. Si no coinciden, debería reconocer su propia ignorancia y dudar de lo que pensaba". Así enseñó Buda.

Eso no significa que no debas creer en nadie, ni en ti mismo.

Lo que quiere decir es que **es bueno estar cerca de gente sabia, en la que puedas confiar, y escuchar siempre sus conocimientos. Pero también es indispensable pensar por ti mismo, incluso dudando de lo que digan esas personas.**

Así pues, la desconfianza innecesaria sería igual a desconfiar de quien deberías confiar.

Cuando un ignorante piensa solo, puede tomar un mal camino sin quererlo. Por no consultar con alguien digno de confianza, podría confundirse creyendo en otra persona extraña y terminar siendo engañado.

Por ejemplo, los padres no son perfectos, pero cuando le ocurre algo a su hijo, lo aconsejan de la mejor manera para tratar de ayudarlo. Sería muy grave que llegaras al colmo de no poder creer o confiar en alguien que piensa sinceramente en tu bien.

La sana desconfianza es necesaria, pero si no puedes creer en algo o alguien en quien deberías confiar, entonces ya no hay más remedio. Por estas razones la desconfianza está en la categoría de ignorancia y es una emoción difícil de tratar.

Distinguir a una persona confiable

En mi programa de YouTube *Una pregunta, una respuesta* me han preguntado: "¿Puedo creer en usted?".
En la actualidad hay mucha gente sospechosa que intenta controlar nuestra mente.

"No, mejor sospecha de mí también". Esa es mi respuesta y es también la postura del budismo.

Como ya lo he mencionado, Buda les preguntaba a sus discípulos hasta que no tuviesen más dudas. Recibía todo tipo de preguntas y de críticas también.

Intenta analizar una teoría desde distintos ángulos hasta que no puedas encontrarle fallas. Entonces, esa puede ser la que te convenza y merezca credibilidad.

Por ejemplo, hay una clara diferencia entre educación y lavado de cerebro. **La educación se trata de transmitir información de forma que beneficie a los demás. En cambio, el lavado de cerebro consiste en dar información por conveniencia.**

En fin, lo importante es adquirir conocimiento y experiencia por ti mismo y construir tu propio criterio.

En la sociedad moderna, los valores varían mucho y existe un río de información de todo tipo. Por eso se requiere desarrollar una sana desconfianza, en el buen sentido, para que puedas distinguir lo que verdaderamente es beneficioso para ti.

Incluso has de dudar de ti mismo y de los demás, al menos una vez.

A partir de eso, examina el asunto desde distintos puntos de vista, aprovechando tu propia sabiduría.

Luego escoge lo mejor para ti y, hasta entonces, créelo.

Concretamente, como dijo Buda, **evalúa a una persona por lo que ha hecho, no por lo que dice. Una persona en quien no coincidan sus actos con sus palabras no merece credibilidad.**

“Usted es un reverendo budista, ¿cómo pretende que sospechemos de los demás?”. Hay gente que cuestiona esto, pero así es la enseñanza de Buda. Yo siempre dudo primero, sin importar de quién se trate.

De esta manera puedo desarrollar mi capacidad de identificar a quienes puedan aconsejarme sinceramente, pensando en mi beneficio, así como a las personas verdaderamente sabias.

4
Abandonar tu necedad te permite ver lo importante

El fin del mundo es el primer paso al nuevo mundo

"Quien amaba tanto me apartó de sí".

"Falleció un ser muy querido".

"Fracasé en el examen de admisión al trabajo que tanto deseaba".

"Me traicionó la persona en quien confiaba".

Cuando pasan ese tipo de cosas, sentimos una gran desilusión.

Sin embargo, la desilusión no llega de pronto, sino que aparece poco a poco. Es una sucesión de varias emociones negativas, como la decepción o la tristeza, hasta que se transforma todo en desilusión.

Cuando esas emociones aumentan hasta cierto nivel, es cuando se transita hacia la desilusión.

Caer en un estado de desesperación es un golpe muy fuerte.

"Es el fin del mundo".

"Me quiero morir".

Cierta gente, en determinadas circunstancias, puede llegar a decir frases como esas. Se cansa, ya no tiene fuerzas ni sonrisas, rechaza las relaciones humanas y, en el peor de los casos, incluso puede quitarse la vida.

Es frecuente que sucedan tragedias causadas por la desilusión.

Provoca severos daños físicos y psicológicos, aunque sean temporales. Indudablemente hace que se pierda la capacidad de atención en el trabajo o estudio, y en toda la vida cotidiana en general. También afecta a la toma de buenas decisiones, porque *se ha perdido toda esperanza e ilusión*.

Entonces, ¿no hay ningún remedio? Sí, la respuesta es sí.

Al contrario de lo que parece, podemos aprovechar la situación de manera positiva.

Puede entenderse que la desilusión es un estado en el que se rebasan los límites o en el que ya no se puede empeorar más.

Entonces podemos tratar el asunto desde otro punto de vista, como por ejemplo de la siguiente manera:

"Es difícil estar desilusionado, pero ahora comprendo que desde un principio era imposible que alcanzara aquel deseo. De hecho, eso no era necesario para mí".

Perder la esperanza hacia un destino es abrir la posibilidad hacia otro.

Es muy probable que una situación de gran desilusión sea también una oportunidad para ver a profundidad lo que en verdad necesitas.

Lo que se ve cuando estás al fondo del abismo

Actualmente me llamo Taigu Gensho (大愚元勝), pero antes me llamaba Butsudo Gensho. ¿Por qué cambió mi nombre budista? Confieso que fue por desilusión.

Estaba en un retiro y pensaba continuamente "tengo que alcanzar el despertar", "tengo que ser una mejor persona".

Sin embargo, por más que me esforzaba en mis prácticas, no podía lograr ese grado. Me desilusioné de la vida y le escribí una carta a mi maestro diciéndole: "Ya no puedo más".

Entonces él me respondió:

"¡Cae! ¡Cae hasta lo más hondo! Eres un gran idiota. Por eso a partir de hoy te llamarás *Taigu*". (大 grande, 愚 idiota)

Cuando leí su respuesta me di cuenta de que no podía aceptar mi ignorancia. Después de eso, pude abandonar mi avidez respecto a querer más y más; así pude decidirme con firmeza para comenzar de nuevo, cambiando por completo mi actitud.

Ese acontecimiento fue para mí un punto de inflexión en la vida. Por eso ahora pienso así: un impacto leve no es tan doloroso, mucho menos fatal, así que podemos repetir la misma tontería sin aprender la lección.

Si tienes que recibir un impacto, es mejor que sea muy fuerte, tanto que casi pueda derrumbarte, porque así en lo sucesivo estarás más atento para no caer nuevamente en el mismo error y saldrás adelante.

Así que es mejor sentir una gran desilusión mientras más joven seas.

Es algo que considero totalmente positivo. Por eso diariamente les digo a mis discípulos: "Desilusiónense ya; sientan la desesperanza". Pero son tan resistentes que no se rinden fácilmente.

Recuperarte de una desilusión significa que has logrado soltar aquello a lo que

te aferrabas y darte por vencido. Esto no es algo negativo de ninguna manera.

En el budismo se enseña que es mejor desistir frente a todo lo mundano: gula, lujuria, soberbia, poder y fortuna. Al soltar esos deseos, es decir, al renunciar a ellos, es cuando finalmente uno puede acercarse al estado del despertar.

En japonés, "renunciar" se dice *akirameru*; este verbo significa "rendirse", pero en el contexto budista también tiene la acepción de "esclarecer".

Esclarecer lo que realmente es necesario para mí. Reconocer mi situación, capacidad y límites.

Saber mis posibilidades respecto de la ejecución de alguna tarea y mis facultades mentales, técnicas y físicas.

Esto equivale al sentido de *esclarecerse* después del acto de renuncia.

Si se tratara de algo verdaderamente necesario, no podrías renunciar a ello. Cuando es algo a lo que puedes renunciar, quiere decir que no era en absoluto necesario para ti. Existe entonces algo más adecuado para ti.

La esperanza sobreviene solo después de una gran desilusión.

Pensemos que sí es posible. ¡Descubramos esa verdad!

Si no te das por vencido, seguirás sufriendo

Esta actitud es muy útil, puede aplicarse en cualquier situación de la vida.

Las desilusiones por no ingresar a cierta escuela o trabajo específico son un típico ejemplo:

Cuando un estudiante está en una preparatoria de alto nivel académico, mantiene un buen promedio y le ha ido bien en los exámenes de simulación para el ingreso a una reputada universidad, pero inesperadamente queda fuera de la selección a tal universidad, naturalmente sufre una gran desilusión.

Aunque podría concursar de nuevo al año siguiente, dudo que sea bueno repetir el reto por dos o tres años más. ¿Esa universidad es indispensable para tal estudiante? Al parecer, no.

Existen casos de jóvenes que entran a una universidad que fue su segunda o tercera opción, pero suelen quejarse durante los cuatro años de su carrera, sin saber *renunciar* ni reconocer su propia capacidad.

"No era mi opción".
"Yo merezco estar en una escuela mejor".

Así pasan su periodo universitario, menospreciando a sus colegas y sin aceptar su realidad. Si a esos jóvenes, además, les va mal al buscar empleo, eso empeorará sus ansias y acrecentará su frustración.

Si, en cambio, hubieran podido tratar su fracaso en el examen de admisión de la siguiente manera: "Aunque deseaba tanto entrar a esa universidad, no hubo las condiciones favorables. Ni modo, no tuve la capacidad para lograrlo", entonces posiblemente podrían aprovechar la vida universitaria con frescura, sin frustración ni complejos.

Por el acto de renunciar se puede descubrir un nuevo talento, desarrollarlo e incluso hallar un buen trabajo.

Ocurre lo mismo en el amor. Si te rechaza la persona que quieres y te desilusionas, no deberías seguir aferrado a esa persona. Más bien piensa: “Ahora tengo la oportunidad de encontrar a otra persona que sea maravillosa y adecuada para mí”.

La gente reconocida como *exitosa* también ha vivido, sin duda alguna, momentos de gran desilusión. Se dieron cuenta de que ya no había esperanza en determinado camino, por eso emprendieron su búsqueda en otro y así lograron avanzar en esa nueva ruta hacia el éxito.
Me imagino que así es para la mayoría.

El legendario comediante japonés Sanma Akashiya dijo una vez:

“Gano una fortuna solo por estar vivo”.

Estoy totalmente de acuerdo con su afirmación.

Su estilo de vida rebosa pensamientos positivos, y puede ser un gran ejemplo de vida para la gente desilusionada.

La fortaleza de mi madre, quien superó la desesperanza frente a la muerte

Creo que no debemos olvidar ese modo de pensar con fortaleza cuando es inminente enfrentarnos a una situación que nos obliga a contemplar la propia muerte.

Por ejemplo, en un caso en el que se detecta un cáncer en cuarta etapa y se recibe un pronóstico de corta expectativa de vida. Aun así, no hay que desesperanzarse.

Obviamente esa noticia tendría un impacto enorme para cualquiera.

Sin embargo, al momento del diagnóstico, aún no llega la muerte y se está vivo. Es lo que la mayoría olvida. **Si no se encuentra esperanza en ese momento, no se podrá apreciar ni vivir bien el tiempo restante.**

Mientras pases el tiempo entre arrepentimientos por tus malos hábitos o únicamente sufriendo y hundido en la tristeza, lo desperdiciarás, y el tiempo no se detiene. Para aprovechar al máximo el tiempo limitado, es muy importante tener esperanza y decir: "Viviré sin remordimientos".

"Quieres hacer algo, hazlo. Quieres ir a algún lugar, ve. Quieres pedirle perdón a alguien, acude y habla con esa persona".
Así les recomiendo a las personas que están cerca de la muerte.

Para hablar de un ejemplo muy cercano, les platicaré el caso de mi madre, quien transformó la desesperanza en esperanza e hizo que ocurriese una especie de milagro.

Hace cinco años mi madre asistió a su revisión médica y le detectaron cáncer de intestino grueso en tercera etapa.
Le dijeron: "Es probable que el cáncer haya hecho metástasis. Considerando su edad, aunque lo extirpemos mediante cirugía, hay un alto riesgo de padecer consecuencias como, por ejemplo, ya no poder caminar".

Mi madre tenía 82 años en ese entonces. Tuvo que tomar una difícil decisión. Someterse a la cirugía con el riesgo de no volver a caminar o seguir con su vida tomando terapias, pero sin operarse.

Los doctores le explicaron:

"Si decide la extirpación, la haremos. Pero si descubrimos la metástasis, habrá que volver a operar. Eso requiere mucha resistencia física, por lo cual no consideramos que la cirugía sea lo adecuado".

Aun así, mi madre dijo: "Puedo hacer cualquier cosa, pues me siento como si ya hubiese muerto". Entonces, sabiendo el riesgo, se decidió por la operación.

Supo *renunciar a su vida*, es decir, reconoció que la muerte llega en cualquier momento, y por eso pudo tomar la decisión con firmeza.

Mi madre ganó la apuesta. Tuvieron éxito en la operación, no detectaron metástasis y, después de una ardua rehabilitación, finalmente pudo recuperar su vida cotidiana.

Ya han pasado más de cinco años, tiempo en el que ella se ha mantenido con muy buena salud, e incluso camina con muy buen ánimo.

Nadie sabe cómo terminará la vida.

Por eso mismo debemos decidir con fortaleza, asumiendo la responsabilidad de nuestra propia vida. Así viviremos sin remordimientos.

Si mi madre hubiera tenido alguna secuela o hubiera dejado de caminar, o si hubieran encontrado metástasis y su salud hubiera empeorado, ella se habría despedido sin ningún arrepentimiento, porque fue su propia decisión.

Lo importante es mantenerse firme, incluso ante la desesperanza.

“Es en los momentos de mayor desesperanza cuando más debemos calmarnos. Hay que saber mirarnos a nosotros mismos desde una nueva perspectiva y buscar el mejor camino. No hay alternativas. Un idiota se inquieta, no sabe qué hacer y se pierde en su propio laberinto”.

“Si sabes que un día morirás, ¿para qué aumentas tu tristeza? Tarde o temprano todos moriremos, pero mientras tengamos vida, ¡vivamos con alegría y buen ánimo!”.

Así es. Si se me permite interpretar libremente la Enseñanza de Buda:

Existe un tipo de esperanza que solamente nace desde la desilusión.

No lo olvidemos.

Capítulo IV

¿Cómo superar el muro de la codicia?

1

¿Podrías esforzarte igual que aquella persona a quien envidias?

¿Cuál es la diferencia entre *admirar* y *envidiar*?

"¡Quiero ser como fulano!".

Seguramente esto es algo que te han preguntado muchas veces desde que eras pequeño: "¿Qué quieres ser de grande?".

Me imagino que entonces eras más inocente y contestabas pensando en alguien que admirabas: "¡Quiero ser jugador de beisbol!", "¡Quiero ser cantante!".

Hay una emoción llamada *envidia*. Se puede decir que la envidia y la admiración son parecidas, pero debe entenderse que son distintas.

Cuando admiras a alguien, esa persona es tu ideal y deseas ser como ella.

En cambio, la envidia es codiciar.

"Qué envidia, zutano gana más que yo".

"Vive en una casa más grande".

"Tiene un auto de lujo".

"Es joven y bella".

Todo este cúmulo de envidia surge de percibir la diferencia entre los demás y tú. La imagen ideal de ti mismo al decir "quiero ser así" consiste siempre en una comparación con otros.

En los niños es muy clara la diferencia entre una emoción y otra cuando cuentan sus sueños con un gran brillo en los ojos.

En el budismo se considera que la envidia es parte de la arrogancia. Los seres humanos no pueden dejar de compararse con los demás y por eso tienen deseos mundanos permanentemente.

Esa es la codicia que se debe soltar. Así nos enseñó Buda.

Compararse con los demás es algo interminable. Siempre habrá otros que tengan mucho más dinero, una casa más grande, un auto más nuevo o una mejor apariencia.

Este *más* no tiene límite, por lo tanto, nunca se puede estar satisfecho.

Sin embargo, cuando admiras a alguien es diferente. Le consideras un buen ejemplo y eso te impulsa como si fuese un motor para alcanzar tu meta. Eso es maravilloso.

Mientras eres arrastrado por la envidia, tu estado de ánimo sube y baja al compararte, y así jamás puedes sentirte satisfecho.

En lugar de perseguir un ideal, la envidia te empuja sin rumbo ni razón.

Si no conoces tu verdadero lugar o si no estás convencido de ti mismo, seguirás persiguiendo constantemente algo más, hasta la muerte. Eso sería vivir una vida denigrante.

¿Acaso tu envidia no se ha transformado en hostilidad?

“Ten admiración, no envidia”.

Es en lo que quiero insistir en voz alta.

Tu personalidad puede crecer por el hecho de admirar a alguien. La admiración nutre el desarrollo humano.

En cambio, la envidia se genera cuando uno considera a alguien como superior. No es algo que sintamos por quienes suponemos inferiores.

Por ejemplo, ves a alguien muy capaz, ya sea en el trabajo o en el estudio, y te dices: “¿Por qué él es tan bueno?”. Entonces, **primeramente, deja de compararlo contigo. Observa a esa persona con atención y esfuérzate para que logres transformarte en alguien así.**

Sin embargo, si tomas un rumbo equivocado o definitivamente malo, solo sentirás hostilidad y te quejarás: "¿Por qué él sí...?" o "Yo soy inútil para...". Luego querrás provocar que los otros tropiecen.

Muchos pueden ponerse una máscara de buenas personas, pero en su interior contendrán una fuerte hostilidad derivada de la envidia. A través de las diversas consultas que me hace la gente en mi programa de YouTube *Una pregunta, una respuesta* he conocido varios casos así.

El sufrimiento por la envidia surge de la ignorancia

Existe gente que me ofende directamente.

"¿Por qué me tiene que decir esas cosas a propósito?".

"¿Acaso piensa que me quedaré callado porque soy un reverendo budista?".

Estando en el templo son muy frecuentes las situaciones en las que me ofenden, por eso me hacen pensar de tal manera.

Recientemente hemos hecho una serie de remodelaciones para que la gente que visita el templo tenga mayores comodidades. Cambiamos el baño estilo japonés por uno de tipo occidental, también introdujimos aire acondicionado. Entonces hay quienes dicen: “A pesar de la pandemia, parece que le va muy bien al templo... qué envidia”, o “Es cierto el rumor de que el monje obtiene muchas ganancias”.

Cuando era más ignorante, por falta de práctica, me molestaban esos comentarios y me quedaba triste por dentro; solamente resistía al saber que en realidad no era así.

Pero ahora les contesto:

“Si me envidia tanto, ¿por qué no se vuelve un monje usted también?”.

“Le invito a conocer la vida de un practicante que los 365 días del año se levanta a las cuatro de la mañana, pero

¡hágalo durante cinco o diez años usted también! Aunque haga frío o esté nevando, tendrá que hacer limpieza siempre descalzo. ¿Se anima?".

Así les invito para que conozcan y vivan a la manera de un monje.

Entonces todos me responden: "No, gracias". No significa que afirme que solamente los monjes soportan eso y se esfuerzan así, pero si me tienen envidia, pues entonces primero deberían experimentar lo mismo que yo.

Además creo que, si conocieran realmente la vida de un monje, entenderían muy bien lo falso del rumor de que "el monje obtiene grandes ganancias".

La ignorancia siempre resulta en infelicidad.

Si uno conociera la realidad desde el principio, seguramente no surgiría la envidia.

Las personas envidiadas suelen hacer muchos esfuerzos que no se ven a simple vista. Las famosas superestrellas que mantienen un cuerpo delgado y fuerte hacen arduos entrenamientos cinco veces por semana en el gimnasio y también llevan una dieta estricta.

Podría pensarse que “tienen suerte por su genética”. Aun así, es necesario un esfuerzo constante para mantener el talento o la ventaja en cualquier cosa.

Cuando era niño, decía: “Quiero ser astronauta, qué envidia poder ir al espacio”. Pero al crecer supe la realidad: el entrenamiento necesario es arduo, largo y estricto, y los astronautas deben vivir por meses en la nave espacial arriesgando la vida. Entonces me dije: “Yo no resistiría eso”, y renuncié a mi sueño.

¡Así tú, hazlo también!

No pretendo ser un provocador, pero es cierto que cambia tu manera de ver el mundo si puedes imaginarte o intentas hacer lo que realmente hacen los expertos de cada campo. Entonces desaparece tu envidia irracional.

2

No te enfoques en lo que no puedes cambiar

¿Hacia quién se dirige tu frustración?

“No estoy convencido de mi entorno actual”.

“Siempre estoy insatisfecho”.

Parece que existe mucha gente que vive sintiendo ese tipo de frustraciones.

Puede haber diversas causas: falta de talento, incapacidad, un ambiente inadecuado, etcétera. De cualquier manera, es difícil vivir conteniendo frustraciones.

La frustración es una emoción que surge cuando no se logra algún deseo, ya sea por alguna causa interna o externa.

Para poder tratar esa emoción, lo primero que quiero que pienses es hacia quién diriges tu frustración.

"¿Me frustro yo mismo o me frustra otra persona?".

Es una pregunta clave para abordar el tratamiento de tu frustración.

Primero, frustración hacia ti mismo.

"Aún sigo con un salario bajo".

"Quisiera dedicarme a otra cosa".

"Quiero hacer tantas cosas que no me alcanza el tiempo".

Estas quejas se dirigen hacia ti mismo, al no estar contento con tu situación actual, y no necesariamente son malas.

Tales frustraciones pueden funcionar como un estímulo para tu ambición o motivación y pueden ser el motor para tu crecimiento personal.

Sin embargo, cuando la frustración se dirige a los demás, no funciona así.

“No me gusta el comportamiento de fulano”.

“Mis colegas o familiares no trabajan como quisiera y me frustran”.

“La compañía no me sube el salario ni un poco siquiera”.

Esas quejas las sientes hacia otras personas como amistades, familiares, pareja, colegas, etcétera.

Déjame aclararte que no vale la pena tener frustraciones dirigidas hacia los demás.

Por más que te quejes de ellos, eso no servirá para tu crecimiento personal. Al contrario, es una emoción innecesaria que solamente te hace sentir estresado.

Detrás de esa emoción hay ciertos deseos: “Quiero que eso lo hagan más y mejor”, “¿Por qué no hacen tal o cual cosa?”.

Lo que estás sintiendo es enojo.
"¿Por qué no me respetan *a mí*, que merezco el mejor trato?".

"¿Por qué solamente yo tengo que sufrir de esta manera?".

¿No sigues acaso comiendo la misma comida que no te gusta?

Como he mencionado, sentir frustración hacia otra persona te provoca estrés, nada más. Además, mientras esa persona no sabe lo que tú sientes, tú eres el único que padece tu frustración.

"No lo puedo creer, mi jefe no sirve para nada". "Mi esposo no hace ninguna tarea doméstica". "Esa señora siempre habla muy presumida y me enfada". **Quejarse siempre de otras personas es como seguir comiendo la misma comida sabiendo que no es buena.**

Si verdaderamente deseas cambiar la situación actual, deberías transmitir lo que sientes a los otros con firmeza para mejorar la situación. También te puede servir alejarte o abandonar "la comida que no te gusta", o pensar de forma fría. No hay otra alternativa que aceptar la realidad. Como muchos ya lo saben por experiencia propia, es bastante difícil cambiar a otros.

Un jefe inútil, una pareja que no colabora, unos amigos antipáticos... Puedes decirles lo que sientes honestamente, pero no es muy probable que mejoren su actitud hacia ti de manera drástica.

Cada uno tiene su propio yo. Por lo tanto, mientras tú deseas algo de cierta manera, otro piensa y desea de modo distinto sobre el mismo asunto.

Es un gran desperdicio de tiempo tan valioso, y también de energía, el estar pensando en algo que no puedes cambiar. No vale la pena desgastarte de ese modo.

Cuando es ligero el grado de tus quejas, puedes desahogarte platicándolas con la otra persona, y hasta es posible que se profundice su amistad al compartir sus emociones. Sin embargo, un estrés fuerte hace mucho daño, tanto al cuerpo como a la mente.

También pienso que **es importante tomar la decisión de abandonar, descartar algo o simplemente aceptar la realidad para evitar que la mente se consuma.**

"Yo estoy en lo correcto, el otro está equivocado". Pensar así es causa de sufrimiento

Hay gente quejumbrosa y gente que no lo es. ¿Cuál es la diferencia entre las dos?

Esto tiene que ver con un ego intenso, del que ya comenté en el capítulo I. Con palabras comunes, podría decir que es gente caprichosa. En cualquier caso tienden a pensar: "Yo no me equivoco, es él quien está mal".

Es tener la actitud de "yo estoy en lo correcto" como un estado permanente.

Es el yo quien siente que debería ser tratado como lo más importante; más que los demás, el ego es quien está padeciendo una desventaja y lo resiente.

Es un sufrimiento causado por no aceptar esa realidad.

“Según mi peculiar sentido común, tú estás fuera de los parámetros y estás equivocado”.

La gente dominada por esta manera de pensar suele tener un muy marcado apego (*raga*) respecto de sí misma. Es un estado de insatisfacción permanente, una intoxicación por el veneno de la codicia.

Según el individuo en esta situación, él es absolutamente bueno, por eso se siente unilateralmente como víctima. Sin embargo, por más que insista en que “el otro es el malo”, simplemente es un intento de trasladar su responsabilidad.

En el budismo se nos enseña la importancia de conocer la propia satisfacción.

Sentirse satisfecho significa reconocer lo que soy y lo que tengo, y no desear más.

La frustración es una emoción que estimula los deseos básicos del ser humano. Por eso, **cuando sientes demasiada frustración hacia los demás, tu mente se puede llenar de sufrimiento para siempre.**

Depende del punto de vista, pero podría decirse que **la creencia de que "yo estoy absolutamente en lo correcto" hace que se acumule mayor frustración.**

Los ejemplos que mencioné al principio: "Aún sigo con un salario bajo", "La compañía no me sube el salario ni un poco siquiera", son semejantes aparentemente, pero en realidad son diferentes.

En el primer caso se trata de enfrentarse consigo mismo, en relación con no tener aún suficiente capacidad. En cambio, en el segundo caso no se quiere reconocer la falta capacidad.

"Yo merezco un salario mayor".

No se da cuenta del malentendido, pues es ignorante.

Es cierto que existen empresas abusivas que explotan y se aprovechan de los trabajadores capaces y estudiosos. Pero, de todos modos, es importante verse a sí mismo con objetividad y reflexionar: "¿Yo cumplo con mi trabajo para merecer un salario así?".

Frecuentemente escucho: "Me despidieron del trabajo por mal rendimiento". Muchos pueden enfadarse y reclamar: "¿Por qué tenía que ser despedido?". Pero, en tal caso, lo correcto sería decirle al afectado que no *lo despidieron*, sino que la empresa *se despidió* de él.

Por cierto, en este ejemplo, ¿quién ha padecido mayores desventajas, él o la empresa?

Si tú fueras un elemento verdaderamente importante para la empresa, la empresa no se habría despedido de ti. Puede sonar muy duro, pero no te habías dado cuenta de las diferencias entre tu autoevaluación y la evaluación que la compañía hizo sobre ti. No se puede negar esa posibilidad.

No se puede controlar la mente de otro

La frustración hacia los demás es igual a un deseo que no se cumple, es un estado de codicia (*lobha*), dominado por tu obsesión de que "eso tiene que ser así". El enojo causado por no controlar la situación se va transformando en ira (*dosa*)".

Como ya lo he mencionado, la diferencia entre el yo desde mi punto de vista y el yo desde el punto de vista del otro es la causa de la frustración.

Tú sabes lo que piensas de ti mismo, pero si no sabes lo que piensa el otro de ti, nunca podrás eliminar esa diferencia.

Tu ignorancia causa resultados lamentables para ti mismo.

Si verdaderamente quieres resolver una situación, tienes que volver a pensar hacia quién se dirige esa frustración que te hace sufrir.

Si se dirige hacia ti mismo, aprovéchala y conviértela en una ambición para alcanzar tus metas.

En cambio, si se dirige hacia otros, entonces esa frustración surgió de tu ego y deberás abandonarla, alejarte del objeto o comportarte con fría objetividad.

Porque si se trata de un asunto tuyo, puedes esforzarte, pero si es sobre un asunto de otro, tú no puedes intervenir, así que de nada te servirá angustiarte por eso.

Debes reconocer que quejarte de cosas que no puedes controlar es una triste manera de desperdiciar tiempo y energía. En cambio, lo mejor es dirigirte en otro sentido, por el camino que te conduzca hacia la tranquilidad de tu corazón.

3
El exceso de pensamientos positivos no te sirve

No es posible elevar la autoestima por la fuerza

Aunque se trate de una misma palabra, puede tomarse en sentidos opuestos. Una palabra podría inducir a una gran solución o causar un tremendo estrés, todo depende de la manera en la cual se interprete. Por ejemplo, la palabra *autoestima* se puede considerar simplemente como algo positivo.

Parece que actualmente está de moda la idea de elevar la autoestima, y hasta se nos hace creer que quien tiene baja autoestima sufre. En las librerías podemos hallar una serie de libros para elevar la autoestima y también se ofrecen infinidad de seminarios con el mismo objetivo que se realizan en muchos lugares.

Según la investigación psicológica, **hay dos tipos de autoafirmación: latente y aparente** (autoafirmación inconsciente y autoafirmación consciente).

Existe una gran diferencia de carácter entre las dos.

Una persona que tiene altas las dos autoafirmaciones, tanto la latente como la aparente, tiene estabilidad mental. En términos budistas se podría decir que tiene serenidad mental.

En cambio, si tiene baja autoafirmación e intenta elevarla por la fuerza, solo será de manera superficial, por lo que manifestará tendencia a ser arrogante e incluso narcisista.

Esas personas se comportan queriendo presumir su elevada autoestima.

Cuando su autoestima o valoración propia se encuentra en una situación de riesgo, suelen pensar “yo soy bueno” o “soy superior a otros”. Expresarán un pensamiento demasiado positivo, casi de autosugestión, para intentar a toda costa mantener su autoafirmación alta.

Es decir, que por su enorme temor a ser desacreditadas o perder autoafirmación, voluntariamente tratan de elevarla ante los demás. Es un estado que se mantiene con un esfuerzo absurdo. Podría decirse que es algo enfermizo, un modo de autodefensa que puede causar problemas físicos y mentales.

No está mal que quieras elevar tu autoestima y te esfuerces para eso. Sin embargo, como bien se dice, el noventa por ciento de nuestra conducta depende del inconsciente. Así que no es nada fácil cambiar nuestra personalidad a fondo.

En efecto, por más que te coloques adornos superficiales diciéndote “soy bueno” o “me amo”, mientras tengas una baja autoafirmación latente y no tengas verdadera confianza en ti mismo, tales adornos se te caerán.

Aparentar ser bueno por vanidad es problemático

Por ejemplo, una persona famosa, aparentemente alegre y positiva, también se enferma de la mente, se droga o, en el peor de los casos, hasta se suicida.

Últimamente escuchamos esas tristes noticias. Me imagino que hay una gran diferencia entre la personalidad expuesta que vemos de los famosos y su personalidad auténtica.

Hay numerosas cosas sobre las que no es posible engañar tan solo con autoafirmaciones y apariencias.

Con frecuencia aparecen en los medios de comunicación personas que han protagonizado grandes escándalos y que luego se exhiben para tratar de demostrar su profundo arrepentimiento y jurar que no repetirán el mismo error o el delito cometido. Pero, desde mi punto de vista, no es posible cambiar la personalidad de ese modo tan superficial.

"Admítame para hacer *zazen* [meditación] y corregirme". "Permítame practicar bajo su guía para rehabilitarme".

Mucha gente con esas ideas acude a mi templo, estrellas de la televisión, deportistas y empresarios, pero yo los rechazo con firmeza.

No digo que todos actúen del mismo modo, pero la mayoría tiene falsas pretensiones e incluso han querido filmarlo —vienen acompañados de un camarógrafo— para después mostrarlo al público, limpiar su imagen y recuperar la confianza.

Bien dijo Buda: "Ve lo que hace, no lo que dice".

Mientras los intentos sean algo superficial, jamás se podrá modificar la personalidad. No puedo recibir a gente que simplemente busca abusar del templo.

Si alguien quiere reflexionar o corregirse verdaderamente, lo hará sin decir nada. Mientras su principal interés sea exhibirlo a través de las redes sociales, significa que solo busca fama, que desea verse bien solo por vanidad.

Lamentablemente abundan personas que aparentan modestia y por dentro son muy engreídos.

Reconocer lo que puedo y lo que no puedo hacer

No solamente lo dice el budismo, también la psicología: quien tiene autoconfianza desde el inconsciente, no es engreído y puede asumir la realidad.

Sabe reconocer que tiene defectos o ciertos elementos inestables —por ejemplo, algún complejo—, y por eso mismo se esfuerza para superarlo.

Quiero que recuerden que **no se puede elevar la autoestima simplemente con desearlo.**

Declarar con palabras positivas el ideal que quieres alcanzar puede ser bueno temporalmente. Sin embargo, sería algo basado en la comparación con los demás, así que fácilmente se volvería una arrogancia. Mientras pienses de manera competitiva, no habrá solución.

Ya sea que te critiquen o te acepten, debes mantenerte firme. Esta postura es fundamental para una mente serena.

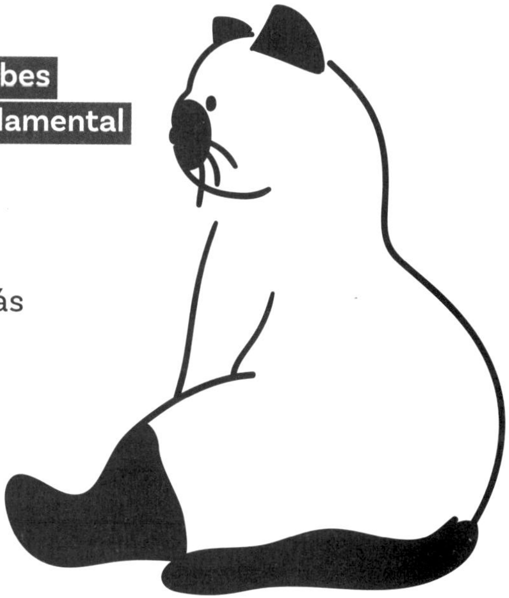

Cuando quieres obligarte a pensar positivamente, en ese momento ya estás perdiendo la estabilidad mental.

Primero date cuenta de que tu arrogancia es pura vanidad y no desgastes tu energía en la inútil comparación con los demás. Si lo logras, puedes volverte alguien modesto.

Tal modestia no sería humillante ni despreciativa, del tipo "no soy capaz de nada"; más bien sería un reflexivo sentido de modestia que te permitiría **analizarte para comprenderte y saber lo que puedes o no puedes hacer.** Es decir, que serías capaz de verte a ti mismo con objetividad.

Los llamados *expertos* conocen muy bien su situación y capacidad; por lo tanto, no presumen de estar satisfechos, sino que siguen esforzándose de manera constante.

No he conocido a ningún experto que diga de sí mismo: "Yo soy magnífico".

Cuando tengas un inquebrantable espíritu de búsqueda y anhelo de retos, lograrás ser llamado *profesional.* Solo puede crecer quien puede juzgarse a sí mismo sobre sus debilidades y fortalezas con objetividad.

Mientras seas engreído, serás alguien de tercera clase. Primero debes darte cuenta de eso. No lo olvides.

4
Tu absurda arrogancia puede alejarte de la felicidad

Despreciar a otros no eleva tu nivel

He explicado detalladamente la arrogancia en páginas anteriores. Es un impulso para juzgar a los demás en función de si están por encima, por debajo o al mismo nivel que tú.

De la arrogancia surge una emoción negativa que es el desprecio. Porque con el desprecio juzgas y te burlas de otras personas pensando que son inferiores a ti.

Hay que percatarse de que es una emoción social que no proviene del instinto natural.

El desprecio es una emoción totalmente innecesaria para la vida humana.

Puedo decir con firmeza que es absurdo, sin sentido ni valor.

Imagínate que desprecias así a otros:

"Él estudió en una escuela inferior, por eso no lo considero tan capaz".

"Ella no es bonita, de nada le sirve que se maquille tanto".

Quizá te sentirás superior por un momento, pero en realidad no ha cambiado nada.

Cuando desprecias al otro, aunque sea por algo cierto, tu capacidad o tu apariencia no mejoran en nada, ni siquiera un poco.

Lo mismo se puede decir respecto a los chismes de la farándula.

Hay personajes que tienen fama, fortuna y belleza a tal grado que te hacen pensar: "Yo jamás los superaré". Pero una vez que esos famosos cometen alguna falla o están en un problema, hay gente que empieza a criticarlos y ofenderlos, diciendo: "Me decepcionó". Los desprecia y se cree que es mejor porque no es infiel ni se droga como ellos. Porque siempre quiere creer que es correcta y superior ante los demás.

Pero ¿para qué sirve ese tipo de pensamiento?

No importa cuánta rivalidad se despierte, nada cambiará en ti ni en tu entorno.

Aunque desees sinceramente que alguien reflexione, si no es tu amigo ni nada, jamás escuchará tu deseo, mucho menos pensará en cambiar su conducta por tus palabras.

Y en el caso de que pudieses influir, aunque fuese de manera indirecta, entrarías al círculo de calumnias que últimamente se ha vuelto un problema social. Esas situaciones enferman la mente y el cuerpo e incluso pueden provocar peores resultados.

El hecho de despreciar a otros no te favorece ni te enseña nada.

Además, sentirte enfadado o fastidiado te hace daño física y mentalmente, así que solo pierdes y jamás podrás ser feliz con esa actitud.

Primero debes reconocer esto.

En lugar de burlarte de alguien, acompáñalo

Si te das cuenta de que sientes desprecio por alguien, trata de analizar fríamente qué tipo de desprecio es.

Si tus sentimientos están cercanos a expresiones como "qué lástima" o "pobrecito", trata de sustituirlos con empatía.

La empatía tampoco puede ser la solución definitiva, pero es mucho mejor que el desprecio. Si tratas de ponerte en los zapatos del otro, puedes aprender a acompañarlo.

No intentar imaginarte los pensamientos o circunstancias que hay detrás de cierta conducta de alguien es un acto de ignorancia (*moha*).

Por ejemplo, cuando ves que alguien come sin modales o habla muy brusco. Aunque te den ganas de criticarlo, no lo desprecies así: "¡Qué grosero! ¡Qué horror de persona!".

Mejor deberías pensar del siguiente modo: "Quizá no pudo crecer en un ambiente sano", "Tal vez sus padres no lo educaron correctamente, no es su culpa", "Puede tener algún problema mental".

Buda nos dice que "todos los seres humanos somos ignorantes, todos estamos enfermos de ignorancia".

No existe una persona perfecta.

Si te ocupas en despreciar a alguien, mejor ten empatía con él.

"¡Ya ni modo!".
"La culpa no es solo suya".

Si pensamos así, no permitiremos que crezcan emociones negativas dentro de nuestro corazón. Por el contrario, podremos mantener un estado mental más sereno.

Comúnmente el desprecio se vuelve ira

Hay un tipo de desprecio semejante a la ira.

"¿Por qué fulano no puede hacer algo tan fácil? No lo puedo creer".

"¿Cómo se les ocurre caminar ocupando toda la banqueta, que es muy angosta?".

Como en esos ejemplos, **el desprecio a otras personas que aparentemente no pueden hacer algo muy sencillo, que no tienen consideración por los demás o que no respetan las reglas sociales, puede convertirse en ira.**

Lo mismo pasa al enterarte del escándalo por la infidelidad de una actriz famosa a quien admirabas. Te dices: "Me traicionó, pensé que era alguien muy decente", y te enojas.

Primero, el desprecio y la burla; luego, el enojo.

Cuando notes en ti ese cambio psicológico, intenta aplicar los métodos que presenté en páginas anteriores: no agregar más combustible al fuego de la ira y alejarte del objeto que la provoca.

Si no eres capaz de percibir tal cambio de ánimo en ese preciso momento, acumularás la ira, lo que después podría resultar en una situación más complicada.

Criticar indirectamente en voz alta, para que todos escuchen, es algo muy común en ciertos japoneses.

"¿Qué no saben que aquí es un lugar público?".

"Parece que no pueden pensar".

Su manera de decirlo es demasiado sarcástica porque en el fondo sienten desprecio.

De tal modo que ambas partes se enojan, quejoso y transgresor. Aunque los transgresores sean conscientes de que están haciendo algo mal, surge en ellos la ira hacia a la persona que los criticó. Es natural que así comience un pleito.

Cuando sientas desprecio por alguien que no respeta los códigos sociales y percibas que empiezas a enojarte, respira profundamente y, con la mayor calma posible, coméntale sobre su conducta. Así es mejor para los dos.

Habla correctamente, con respeto y sensatez, sin enojo ni burlas. Así habrá más probabilidades de que la otra persona te escuche e incluso te haga caso.

Sin embargo, últimamente la seguridad pública ha empeorado. Se han registrado casos extremos de acuchillamiento como reacción ante una crítica en público. Si observas ese tipo de riesgo, mejor aléjate de ese lugar.

Lo que aprendí de un extranjero sin sarcasmo

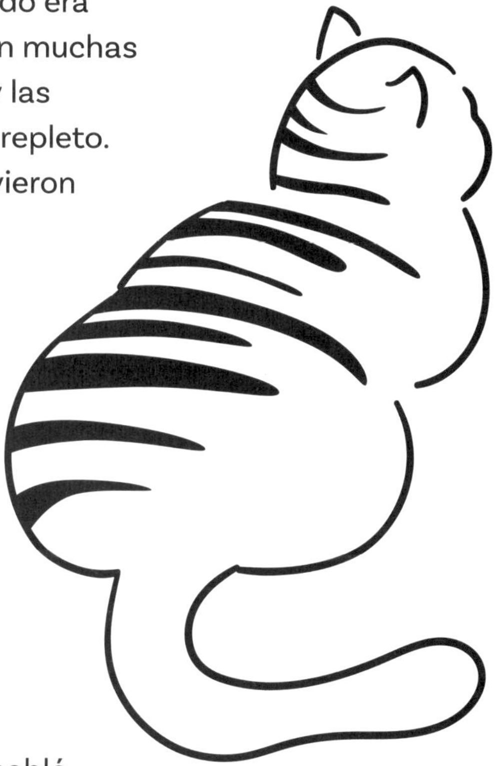

Tuve una experiencia interesante cuando era universitario. Un día me subí al tren con muchas maletas llenas de equipo para karate y las dejé junto a mis pies dentro del vagón repleto. Obviamente los demás pasajeros me vieron como un obstáculo.

Lo sabía, pero me decía a mí mismo "ni modo", pues tenía que llevar esas maletas.

Poco después abordó un señor extranjero y me dijo: "Tus maletas están estorbando, ¿por qué no las subimos al estante arriba de los asientos?".

Me asusté y me puse alerta, pues me habló de pronto, pero lo hizo sin nada de sarcasmo. Fue una simple propuesta en beneficio de todos.

Enseguida, me ayudó a subir las pesadas maletas al estante.

En cambio, si alguien me hubiera dicho: "¡Qué molesto eres! ¿Acaso no puedes pensar en los demás?", sin duda me habría enojado, pues en aquel momento era muy inmaduro.

Pero la persona simplemente lo dijo con naturalidad y me ayudó. Sentí gratitud.

Expresar una emoción puede dar resultados muy distintos, dependiendo de la manera en que se dice y se actúa.

Nosotros los japoneses tendemos a ser tímidos, se nos dificulta proponer algo a los demás y hablarles directamente. Pienso que debemos aprender de los extranjeros esa otra forma cultural de relacionarse con la gente.

Capítulo V

¿Cómo corregir el hábito mental de obsesionarse con las emociones negativas?

1
Cultivar el hábito de ocupar la mente con cosas buenas

En el capítulo I expliqué el pensamiento básico del budismo, que es considerado algunas veces como filosofía o psicología, así como el mecanismo por el cual surgen los sufrimientos.

En los capítulos II, III y IV presenté las características de las emociones negativas más representativas, dividiéndolas en tres categorías —codicia, ira e ignorancia—, y la manera de soltarlas.

Si logras comprender, aprender y practicar esas técnicas, podrás disminuir el estrés de las relaciones humanas, además de otras frustraciones, y vivirás más serenamente.

En este capítulo V te voy a transmitir consejos extra para que puedas aplicar más eficientemente todo lo que he expuesto. Traté de sintetizar de manera práctica las claves para comprenderse a sí mismo y abandonar las frustraciones o sufrimientos.

El primer tema, entonces, es el modo budista de tratar a la mente.

Abandonar los factores mentales (*cetasikas*) negativos y cultivar los positivos

Buda se cuestionó: "¿Qué es la mente?", y la observó a fondo. **Concluyó que la mente es como un recipiente lleno de agua en la que estuviesen**

disueltos diversos factores o emociones. Nombró a esos factores mentales cetasikas. Por ejemplo, si alguna hierba se infusiona en el agua, se vuelve té; si se mezcla con polvo de café, se vuelve café; si se disuelve en ella pasta de soya fermentada, se transforma en sopa miso. Así, el agua cambia según lo que tenga disuelto en ella.

Hay distintos tipos de cetasikas, pero podrían dividirse en tres grupos:

25 positivos.
14 negativos.
13 comunes.

Tratemos de abandonar los factores mentales negativos, como la ira, la envidia o el desprecio, y cultivemos los positivos como la alegría, la empatía y la bondad... Esto es un tema interminable en el budismo.

Sin importar que algunos sean considerados buenas o malas personas, en la mente de cualquiera se hallan disueltos por igual cetasikas positivos y negativos.

Sin embargo, su intensidad puede variar en cada individuo y predominarán unos u otros, según el temperamento natal y el ambiente sociocultural que lo rodea.

Si una persona recibe muchas críticas que la señalan como alguien de *mal carácter*, eso significaría que sus cetasikas negativos están predominando.

Es muy importante que te observes fríamente a ti mismo para que descubras tu estado real. Una vez que seas consciente de ello, podrás tratar de controlar los factores mentales negativos para modularlos, y al mismo tiempo activar más los cetasikas positivos hasta lograr que predominen.

La práctica no se trata de *aguantarse*, sino de acostumbrarse

Los estudiosos del budismo practican para abandonar los cetasikas negativos y cultivar los positivos. En cuanto a esto, la práctica no implica realizar ascetismo o soportar dolores tremendos para lograrlo.

La práctica es arraigar un hábito a partir del entrenamiento natural de buenos pensamientos, palabras y conductas para mantener el estado de los cetasikas buenos dominantes de forma espontánea. No es necesario forzarse.

Es decir, tener esos hábitos inconscientemente.

Muchas prácticas budistas se hacen en colectivo porque intentan lograr sinergias. Entre todos se vigilan, se observan y se estimulan mutuamente para llegar a un mejor nivel.

Podría decir que es como un equipo profesional de algún deporte. Se reúnen los jugadores seleccionados, un excelente director y el equipo técnico y realizan las prácticas de alto rendimiento. Esto hace aún más fuerte al equipo.

Lo mismo sucede al practicar el budismo.

Dentro de los malos cetasikas hay venenos que te dañan, e incluso hay unos que pueden considerarse veneno mortal.

Antes de que estos venenos dominen tu mente, tienes que abandonarlos. Aunque no puedas abandonarlos por completo, es importante que seas consciente de ellos para que puedas controlarlos y no te afecten más.

Al mismo tiempo tienes que aumentar los buenos cetasikas.

Entonces tu mente se irá despejando, amplificando su fortaleza y generosidad.

No importa que sea poco a poco, intentemos purificar el agua de la mente.

Ya hablé de los principales cetasikas malos en los capítulos II al IV; también añado un anexo con un listado de cetasikas, cada uno explicado brevemente.

Me alegraría que resulte útil para ti.

2

Reconozcamos que vivimos en un mundo ilusorio

En este apartado trataré sobre lo que puede llamarse la ontología budista. Es decir, sobre la existencia de las cosas o los fenómenos que vemos y sentimos, así como de la manera en que los reconocemos.

En el budismo se considera que percibimos toda la existencia a través de seis órganos sensoriales llamados *rokkon* en japonés, que literalmente significa "las seis raíces".

Estos órganos son ojos, oídos, nariz, lengua, cuerpo y mente. Los primeros cinco pueden sustituirse por vista, oído, olfato, sabor y tacto. **El sexto, la mente, se refiere a nuestra consciencia, y es el único de los seis que**

nos permite reconocer un tipo de existencia invisible, como el futuro o el pasado, lo que a veces nos causa problemas.

Arrepentirnos del pasado o ilusionarnos y preocuparnos por el futuro; así podemos provocarnos sufrimiento.

Por ejemplo, cuando al día siguiente de un pleito con tu pareja sigues aferrado a tu enojo, aunque el problema haya sucedido la noche anterior. O cuando no logras olvidar una palabra que te lastimó, a pesar de que han pasado años, y aún te deprimes al recordarlo y sientes enojo con quien te la dijo. Ese tipo de enojo o tristeza no es *real*, pues no surge de algo concreto que existe frente a ti ahora mismo.

Es más bien una creación tuya, una ilusión. **Estás pensando en algo que no existe aquí ni ahora, lo**

que te produce una reacción de ira o tristeza, pero que tú mismo provocas.

Toda la existencia está en tu interior

A continuación voy a tratar sobre dónde está la existencia, incluyendo las cosas concretas y visibles.

Quizá la explicación resulte abstracta, pero pensemos de forma simple.

Es decir, debemos distinguir si tal cosa o fenómeno está dentro o fuera de ti.

Por ejemplo, hay una bicicleta frente a ti. ¿Esa bicicleta está dentro o fuera de ti?

Creo que la mayoría contestaría que está fuera. Sin embargo, esa bicicleta existe en tu interior. La bicicleta que ves se proyecta en el cerebro a través de la lente de tus ojos, lo cual posibilita que tu cognición te indique "allí existe una bicicleta".

Cuando le explicas a alguien que "aquí hay una bicicleta", al decir "aquí" te refieres a lo que reconoces en tu mente.

Por lo tanto, desde la perspectiva budista se considera que eso está dentro de ti.

Es decir, **todas las cosas y fenómenos que existen en este mundo están en tu interior, según el budismo.**

Además, todo es impermanente y está en constante cambio; nada es eterno.

Cuando hablemos del yo, cuestionémonos respecto a cuál yo intentamos referirnos, el yo de cuándo, el yo de qué circunstancias.

No existe un yo permanente o inmutable.

Nosotros agregamos ilusiones innecesarias a las cosas que están dentro de la mente, las transformamos o las deformamos. Por eso las cosas que reconoces como *existentes* pueden ser simplemente una burbuja sin relación con la realidad, una burbuja frágil e inconsistente que se reventará en cualquier momento.

Antes de enfrentar cualquiera de los problemas que tengas, primero es necesario que comprendas este mecanismo de la mente.

La aparición del sufrimiento es algo natural e inevitable. Sin embargo, en su mayor parte es una ilusión, una falsedad creada por tu mente. Precisamente por eso, tú mismo eres quien puede modificarlo.

Pensemos así: “Yo produzco una imagen falsa en mi mente y luego yo mismo reacciono a ella”.

Si lo entiendes, aunque te sea difícil detener el surgimiento de las emociones negativas, podrás suavizar el impacto emocional cuando suceda algo doloroso.

Si te ocurriera algo doloroso de nivel diez, podrías reducirlo tal vez a nivel dos o tres.

Sé consciente de eso y entrena tu mente. Así te volverás más estable y no será tan fácil que te arrastren las emociones negativas.

3
La meditación es reconocer los cambios en la propia mente

He mencionado en varias ocasiones la importancia de aprender a concentrarse en el contenido y el funcionamiento de la propia mente para reconocer con claridad lo que allí sucede.

En el budismo, esta práctica permanente de concentración y observación continua es la meditación.

Buda lo hizo con tal empeño que arriesgó en ello su vida. Observó el proceso de cómo surge el sufrimiento dentro de la mente. La meditación es darse cuenta, en uno mismo, de los tres venenos que contenemos: codicia, ira e ignorancia. Si no te enfrentas a tu propia mente, tampoco podrás liberarte del sufrimiento.

¿Cuál es la clave para calmar la ira?

Una de varias emociones que causan sufrimiento es la ira, y para calmarla es importante ver las cosas con objetividad y sentido lógico.

El método es el siguiente:

1. **Concentración.**
2. **Observación.**
3. **Reconocimiento.**
4. **Superación.**

Estos son los cuatro pasos de la meditación que pongo a tu consideración.

Por ejemplo, si estás tan enojado con alguien que incluso le dices "no soporto tu existencia", ¿cómo puedes enfriar tu cabeza y actuar correctamente?

Yo suelo recomendar lo siguiente:

"Cuando te sientas sofocado por la ira, escribe por qué estás tan enojado. Luego piensa en qué es lo que quisieras de la otra persona".

Entonces muchos descubren que "no era algo tan grave para enojarme así". Si después los invito a que muestren ese escrito a los demás, les da mucha vergüenza hacerlo.

Así pues, es significativo el hecho de analizar las propias emociones objetivamente y tomarse el tiempo para reflexionar.

Cuando las emociones se descontrolan, uno mismo suele perder la cabeza por completo. Pero si te detienes a pensar, puedes reconocer que "me enojé por lo que dijo esa persona" y luego reflexionar fríamente: "¿Qué es lo que quiero en realidad?".

Mientras más puedas pensar con lógica, más se calmará la intensidad de la ira.

Entendamos que **la emoción es el acelerador y la razón es el freno.**

Estar continuamente enojado es permanecer en un estado de envenenamiento por *dosa* (ira), y eso te destruirá tanto física como mentalmente. No es nada conveniente. Por el hecho de escribir, podrás observar objetivamente los cambios que ocurren en tu mente. Ahora pongamos en práctica el cuarto y último paso de la meditación: la superación.

Por ejemplo, si en tu trabajo tienes un compañero que te cae muy mal, entonces tú solo esfuérzate en lo que mejor haces, en tu especialidad, y así, automáticamente, superarás a esa persona.

No siempre se puede convertir a la ira en un motor para lograr algo positivo, pero es mejor intentarlo que no hacer nada y simplemente frustrarte. En cambio,

si lo logras, podrás resolver un problema y además elevarás tu propio nivel. ¡Caza dos pájaros de un tiro!

He escuchado la anécdota de una patinadora que fue medallista de oro en los juegos olímpicos. Ella decía que trabajó muy duro para transformar provechosamente varias experiencias dolorosas de su vida. Desde su niñez destacaba y llamaba la atención, por eso mismo a veces los medios de comunicación la criticaban ásperamente e incluso la difamaban.

Entonces ella se ofendía, pero después analizó el trasfondo de las artimañas de los medios para intentar comprenderlos y supo darle vuelta a la situación.

Aprovecha las emociones negativas para convertirlas en un motor que te impulse a desarrollar tus mejores cualidades y capacidades.

Bien dicen que *una crisis es una oportunidad*, pero de ti depende aprovechar o desperdiciar tus frustraciones.

Observa tus emociones para distinguir entre realidad e ilusión

En la mente se crean ilusiones basadas en tus propias experiencias y en la influencia de tu entorno, además de la información que obtienes de otras personas como tus padres y tus amigos. Tales ilusiones, por lo general, te causan sufrimiento.

La meditación es un entrenamiento que te permite distinguir claramente entre la realidad y la ilusión. En ese proceso aprenderás a darte cuenta de qué tipo de emoción tienes en un momento dado.

Por ejemplo, cuando estás enojado con tu novia porque no se ha comunicado contigo. Esa emoción se parece a la ira, pero si observas tu mente con detenimiento, notarás que sientes tristeza o soledad, y que esas emociones provocan que pienses cosas como "quiero que mi novia me ponga más atención", y después te enojas.

Las emociones aparecen y desaparecen fácilmente. Todas las cosas están en constante cambio. Por eso también lo que percibes cambia drásticamente.

No es únicamente a través de los cinco sentidos, sino también de la mente, que percibimos al mundo y nos sentimos intensamente vivos.

Ya sean emociones positivas o negativas, debemos afrontarlas con firmeza y reconocer los constantes cambios que suceden en la propia mente.

4

Puedes meditar sin sentarte en la postura clásica (*zazen*)

Existen diversos métodos de meditación para concentrarse, observar y reconocer.

En el budismo se pone énfasis en las formas de practicar la meditación.

La meta final es controlar la propia mente, y para eso, es muy importante tratar de ver al mundo con una visión correcta, no a través de tu propia visión.

La visión correcta es ver la existencia o los fenómenos tal como son.

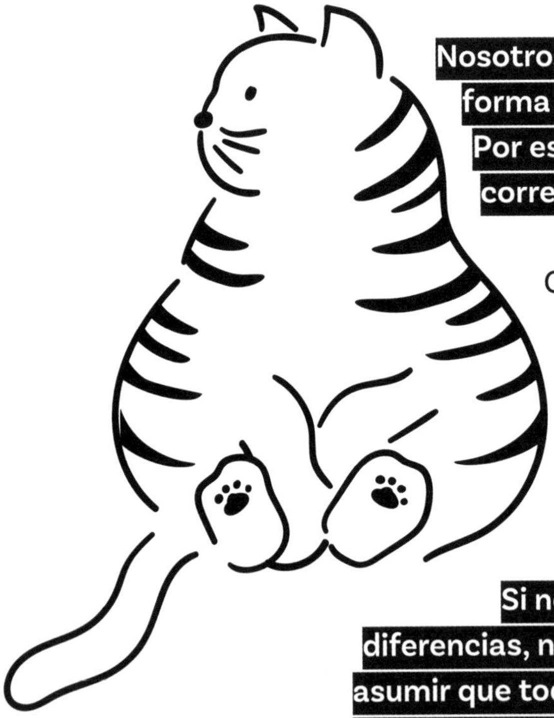

Nosotros tendemos a ver las cosas de forma distorsionada por los prejuicios. Por eso se nos dificulta ver la realidad correctamente, tal como es.

Cada uno ve al mundo a través de su propio filtro, pues naturalmente existen diferencias entre todos. Además, todos creen que lo que ven o sienten es correcto y objetivo.

Si no podemos reconocer esas diferencias, no hay una base que nos permita asumir que todos somos diferentes, por eso suceden fácilmente complicaciones y pleitos.

Para evitar eso, se requiere la capacidad de reconocer la verdad, pues necesitamos obtener sabiduría.

Sin duda, la meditación es un camino para llegar a la sabiduría. Preparar el entorno adecuado para la meditación también se considera esencial, y así se ha propuesto a lo largo de la historia budista.

Esas propuestas o indicaciones se llaman *vinaya*. Es un marco regulador de la comunidad budista. Por ejemplo, si te dicen: "Medita en medio del centro comercial", pues es imposible, por tanto ruido. Debemos evitar un ambiente distractor que estimule los cinco sentidos para poder reflexionar a fondo.

Cuando tienes que concentrarte en tu trabajo o estudio, ¿no se te ocurre asomarte a tus redes sociales o navegar en la web sin rumbo ni sentido?

Tu mente se inquieta, yendo de aquí para allá. Si has tenido esas experiencias, comprendes muy bien la necesidad de ordenar el ambiente del sitio para meditar, pues de por sí la mente es muy fácil de distraer.

Para lograr una vida meditativa, ¿qué se ha de comer, qué rutinas se deben seguir, qué disciplinas hay que aplicar?

En el budismo, el vinaya sirve justamente para enmarcar el estilo de vida y la rutina cotidiana. *Temple stay*, por ejemplo, es un retiro de seis días en el templo Fukugonji, y es una de las estrategias que proponemos de meditación integral para la vida diaria.

El entrenamiento para fortalecer el inconsciente que puede aplicarse en la vida moderna

¿Cómo interpretar la información obtenida a través los cinco sentidos? Seguir ese proceso, en sí mismo, es la práctica.

Existe un libro llamado *El camino de la purificación*, en el cual se registraron las prácticas que realizaban los monjes budistas de la antigua India. De ese libro quisiera presentarles algunos entrenamientos.

En la sociedad actual, cuando uno muere, realizamos un funeral para despedir y enterrar solemnemente el cuerpo del fallecido.

Sin embargo, en la antigua India solía dejarse el cadáver en la montaña, sin hacer nada especial.

Entonces, como una práctica, los monjes iban a la montaña y observaban el proceso de descomposición de un cadáver. Actualmente quizá resulte algo espantoso y difícil de creer, pero ese acto también formaba parte de una meditación.

Al contemplar la manera en que se pudre el cadáver, uno debe **observarse también a sí mismo para descubrir cómo se siente al ver eso.** Es como un modo extremo de la meditación común que conocemos, pero quiero decir que hay miles de métodos de meditación y que varios nos parecerían incomprensibles, como el ejemplo mencionado.

En la vida moderna es imposible realizar esa meditación de observar un cadáver, pero su intención sigue existiendo en nuestra vida cotidiana.

Por ejemplo, en el beisbol existe un entrenamiento de defensa llamado *fungo*.

El entrenador batea la pelota y los practicantes tienen que correr para atraparla muchas veces. Dicen que esto sirve para desarrollar el sentido defensivo básico, porque de esta manera **se aprenden neurofísicamente los movimientos de la pelota, el *timing* o *slowing*, para después poder reaccionar con efectividad.**

Lo mismo pasa en el camino del budismo. Es como realizar la práctica constante de tomar buenas decisiones, hablar con buenas palabras, hacer lo correcto y demás. Todo es un entrenamiento para poder vivir del mejor modo, hasta el punto de hacerlo inconscientemente. Es como la práctica en la cocina o el deporte.

El budismo no se trata de lograr una experiencia mística. Al contrario, Buda negó el ascetismo que exige meditar bajo una cascada fría, caminar en ayuno durante días por una montaña u otras cosas semejantes, porque fácilmente podríamos ilusionarnos con obtener superpoderes.

No digo que esté mal hacer esos ejercicios ascéticos, pero Buda advirtió que "no se puede llegar al Despertar por esa vía". Yo también les digo siempre que "hacer *zazen* no quiere decir que se esté meditando", pues si solamente te sientas, no cambia nada.

Por el contrario, no se aferren a la forma del *zazen*. Cada uno debería buscar su propio método para entrenar y concentrar su mente.

5

Si malentiendes la esencia del *mindfulness*, puedes caer en una trampa

¿Acaso tienes el estereotipo de que todos los reverendos o monjes budistas son sabios y predican de modo extraordinario?

Me imagino que muchos japoneses han escuchado alguna prédica en los ámbitos religiosos. Incluso las empresas invitan a monjes budistas para impartir conferencias o cursos.

A veces me ofrecen también a mí esas oportunidades, y a manera de proyecto propio he transmitido el programa *Una pregunta, una respuesta - con Osho Taigu*. En esas ocasiones he tratado de responder a diversas inquietudes y de acompañar a la gente que sufre.

Sin embargo, no acepto cualquier solicitud.

Con frecuencia me piden que hable sobre *mindfulness* relacionado con la meditación budista, pero lo rechazo amablemente.

Lo hago porque pienso que es peligroso aprender *mindfulness* solamente como un método por conveniencia.

La imitación superficial genera un círculo vicioso

Cuando las empresas quieren que les enseñe técnicas de *mindfulness*, la mayoría tienen la intención de abusar de la meditación para disminuir el estrés de los empleados.

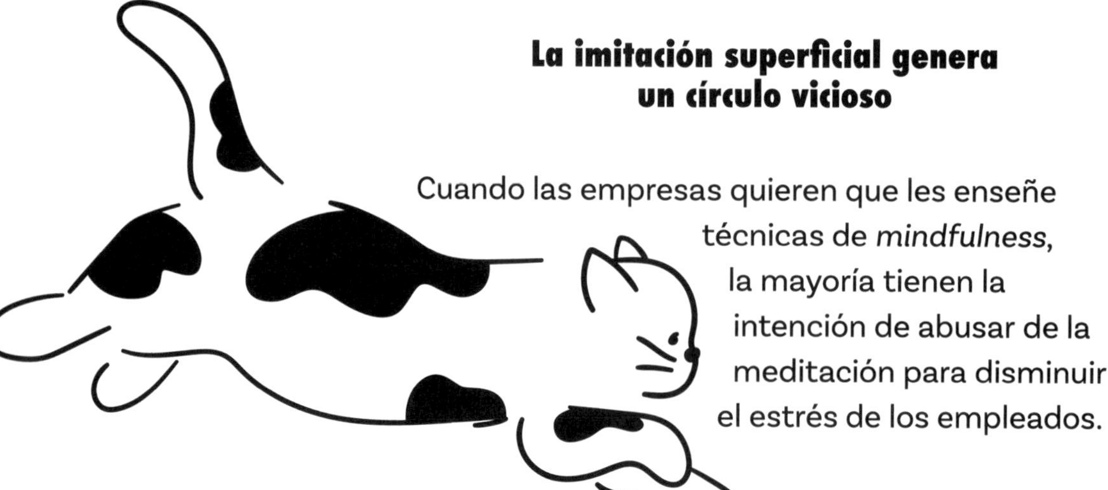

Hace tiempo fui a una empresa que me lo solicitó. Al conocer el estrés de los empleados por su sistema de trabajo y la forma en que los trataba la empresa, sentí horror.

Incluso me confundió lo que me solicitaban, pues su petición era que yo enseñara *mindfulness*, pero yo escuché que me pedían algo así: "Por favor, manipule a los empleados para que no sientan estrés. Paralíceles la mente".

Lo que realmente necesitan ese tipo de empresas no es *mindfulness*, sino una reforma laboral fundamental que cree un ambiente sano para que los trabajadores no acumulen tales niveles de estrés.

Sé que no es muy buen ejemplo, pero **es como si un violentador doméstico me pidiese: "Manipula a mi víctima para que no sienta el dolor que le provoco".**

Las sectas religiosas de mala fama incluso convierten la violencia en un modo de educación. Un gurú carismático puede decir: "Te golpeo para corregirte, es por tu bien".

Esa manera de pensar y actuar es bastante peligrosa.

En Japón, el concepto de *responsabilidad propia* nos condiciona a cierto modo de pensar. Cuando hay casos de lavado de cerebro, la gente tiende a decir que quien fue engañado tuvo la culpa.

Cuando hay una moda de meditación o *mindfulness*, la mayoría solo imita la forma de manera superficial. Lamentablemente son muy pocos los que la exploran a fondo hasta tocar su esencia. Sin embargo, jamás se podrá hallar una solución fundamental mientras solo se mire la superficie.

El ejemplo que mencioné antes no significa que la empresa tenga una mala intención, pero no cuestiona el ambiente laboral, **no quiere ver la esencia del problema, solamente quiere buscar una forma rápida de solución y pide que les enseñe "el *mindfulness* de moda". Ese es el problema que hay que solucionar.**

Al principio, la meditación es concentración plena para descubrir la esencia de un fenómeno. Sin comprender esa parte, y solo imitando la forma, es muy fácil dejarse llevar por un rumbo equivocado.

6
La visualización de las emociones es la clave para obtener serenidad

En este libro hemos hablado de que las emociones surgen de la mente y se perciben en la misma mente.

No es un error. Sin embargo, las emociones también pueden surgir de otro origen. Quisiera terminar explicando un poco sobre eso.

Ese otro origen es el cuerpo. **El estado corporal cambia según la manera en que aceptamos y reconocemos las cosas.** En especial, el movimiento muscular es muy sensible.

Por ejemplo, “estoy conmovido” se traduce al inglés como “*I am touched*”. En esa expresión se usa el verbo *touch* (tocar). Es una palabra que surge de la sensación corporal, pues se siente que algo toca nuestro corazón.

Creo que no hay muchos budistas anglófonos, pero parece ser que tenemos en común la noción de que el cuerpo es un factor para el surgimiento de las emociones.

Es como cuando uno sufre hambre extrema y se enoja, o cuando el insomnio provoca angustia.

Con el debido entrenamiento hay quienes pueden identificar, mediante lo corporal, los cambios emocionales que suceden en la mente. Yo, aparte de ser un practicante budista, soy maestro de karate y cuento con quince años de experiencia como fisioterapeuta, por eso comprendo lo que significa que los cambios emocionales se manifiesten en el cuerpo, e incluso los percibo con la piel.

La mayoría de los reverendos budistas se preocupan más por la mente que por el cuerpo; por lo regular solo se refieren a la mente, y casi nunca hablan del cuerpo. Pero en mi caso es diferente.

Explicar el budismo a través del cuerpo es más transmitible que por la sola palabra. Así lo pienso y así lo expreso.

Una vez al mes realizo una sesión práctica llamada Taigu Dojo en diferentes prefecturas de Japón, y a veces en otros países. Su objetivo es aprender la enseñanza de Buda mediante sensaciones corporales. Allí aplico el método de transmitir el budismo despertando la consciencia corporal de los participantes.

He tenido buenos resultados.

Lo que no tiene cuerpo, tampoco tiene emociones. Ambos, cuerpo y mente, están inseparablemente conectados.

Aprender con la palabra y el cuerpo al mismo tiempo es lo ideal

La habilidad sensorial puede desarrollarse solamente a través de varios años de experiencia, no se puede comprender intelectualmente.

Es un tema demasiado complicado para explicarse en un solo capítulo, por eso añadí un anexo con mayores referencias.

Si tuviera que comparar esa sensación con algo más familiar, sería con un jugador profesional de beisbol que batea un jonrón. En el mundo profesional se dice que quien nunca ha bateado un jonrón no puede entender la sensación de cuando la pelota golpea justo el centro del bate y sale volando.

Por más que nos lo expliquen, aun con toda la pasión y paciencia, así se trate de un excelente entrenador y además alguien que haya sido jugador profesional, nosotros, como ignorantes del beisbol, jamás lo entenderemos.

Aunque se tenga un cierto nivel en algún ámbito, me imagino que es difícil obtener la sensación que únicamente conocen los profesionales.

En el budismo también existe ese sentido, por eso quiero recomendarte que avances en tu aprendizaje tanto intelectual como físico. De esa manera podrás asimilar mucho mejor y con mayor profundidad lo que aprendas con palabras.

Si logras observar los movimientos de tu mente y tu cuerpo y visualizar tus emociones, podrás mantener la serenidad y desarrollar las técnicas para controlar dichas emociones.

Eso es un factor esencial para convertirte en un maestro de la mente. Si te interesa, por favor visita un templo que realice retiros físico-prácticos, no solamente meditación o actividades intelectuales.

¡Y por supuesto, eres bienvenido al Taigu Dojo!

Epílogo

En el mundo hay dos tipos de situaciones. Unas son como los fenómenos naturales que no puedes cambiar, por más que te resistas; las otras son las que puedes cambiar, si quieres y te esfuerzas para ello.

Si no puedes cambiar una situación, no hay más remedio que aceptarla.

Sin embargo, si se trata de una situación que es posible cambiar, deberías luchar para mejorarla. Así te harás más simple la vida.

Las cuestiones económicas, el trabajo, las relaciones humanas y la salud son cosas que puedes mejorar porque dependen de tu propio esfuerzo. Tu mente también.

¿Qué idea te produce la palabra "rezar" (*inoru*)?

En todos los pueblos, los seres humanos han rezado a los dioses, o incluso a los budas, cuando enfrentan alguna crisis.

Por eso me parece que mucha gente piensa que rezamos para que los dioses o los budas nos cumplan nuestros deseos.

Hay varias teorías sobre el significado de la palabra rezar en el idioma japonés, pero una de ellas dice que es *declarar lo deseado*. "Quiero hacer esto, quiero ser así". Es expresar nuestra propia ambición o intención.

Declarar lo deseado puede facilitar la realización de lo que quieres lograr en concreto por tu propio esfuerzo, sin depender de nada.

En tal sentido, rezar no se trata de depender de los dioses o los budas para que te ayuden, sino que es un acto de manifestación para realizar un propósito.

Considero que es muy importante vivir sin olvidarse de rezar.

En una situación desesperada rezas por algo y, aunque las cosas no sucedan como lo deseabas, no te enfadas, porque lo que significa el acto de rezar es que exteriorizas tu anhelo o deseo.

Para lograrlo te esfuerzas al máximo, de tal manera que no tienes remordimientos ni culpas a nadie por los resultados. Con este sentido, rezar es parte de un estilo de vida muy puro y firme.

Jamás se trata solamente de suplicar, pasiva y débilmente, a los dioses. En el budismo, rezar tiene un sentido muy distinto.

El pensamiento budista que he tratado de transmitir en este libro es muy útil para la sociedad actual e incluso hacia el futuro. Yo mismo sigo practicando y estudiando, pero al conocer más del budismo, más firmemente creo que, si todos en este mundo viviesen según sus principios, esa actitud podría facilitar la vida y hacernos más felices.

Desde luego que para lograr eso se requiere mucho entrenamiento y práctica, pero incluso ese proceso fue diseñado como un método o una guía con una estructura eficiente en el budismo.

Existen diversas ideas e interpretaciones sobre el budismo, por eso algunos académicos podrán criticarme. Tal vez señalen que estoy equivocado en ciertas cosas. Sin embargo, en este libro simplemente he tratado de transmitir lo que pienso y siento usando palabras llanas.

Naturalmente durante la vida siempre nos acompaña el sufrimiento.

Aun así, hay maneras para vivir un poco más alegres y tranquilos.

Los pensamientos que estoy compartiendo no son absolutos. Si te parece que no aplican para ti, busca algo que te sirva mejor. Pero si les hallas alguna utilidad, adelante, pruébalos ya.

Querido lector: espero que al leer este libro puedas superar *tu propio muro mental* y consigas liberarte, aunque sea solo un poco, de las frustraciones, para recorrer felizmente la vida.

Tal es mi mayor anhelo, de todo corazón.

Gensho Taigu

Anexo

Cetasikas – Factores mentales

Según Anuruddha, uno de los diez principales discípulos de Buda, el budismo describe un total de cincuenta y dos factores mentales o cetasikas, en idioma pali. En este libro hemos puesto énfasis en los catorce cetasikas insanos o negativos. Asimismo, existen veinticinco cetasikas positivos o hermosos que son totalmente opuestos a los primeros catorce, y también otros trece cetasikas básicos, de los cuales siete son universales y seis son particulares u ocasionales. En este anexo los presento brevemente.

Los veinticinco hermosos

1. Fe o confianza (*saddha*)
   Es la confianza que se obtiene cuando uno logra decidir correctamente algo mediante la razón. Es el convencimiento íntimo, según los propios pensamientos y ciertas pruebas basadas en las experiencias pasadas; eso es *saddha*. Es confiar y asumir la responsabilidad de la conducta personal. Por lo contrario, creer ciegamente lo que piensan los demás es un acto ignorante e insano.

2. Atención plena (*sati*)
   "Darse cuenta". Dejar de ilusionarse con lo pasado o lo futuro y poner toda la atención en el aquí y ahora. También hay que recordar que nuestra conducta —tanto de palabras, pensamientos y emociones—, ya sea positiva o negativa, es algo que proviene de nuestros hábitos inconscientes. Por eso, al poner atención plena en los hábitos inadecuados podemos disminuir los fracasos o conflictos.

3. Vergüenza (*hiri*)
   Sentir vergüenza por cometer aquello que sea injusto, incorrecto o inmoral. Es la voluntad de vivir sin hacer ese tipo de cosas.

4. Temor moral (*ottappa*)
   Temer a la posibilidad de cometer malas acciones. Es la voluntad de evitar o provocar situaciones negativas. Junto con *hiri*, es lo que vigila nuestra conducta, y ambos se consideran los guardianes del mundo, pues gracias a eso podemos refrenarnos.

5. No apego (*alobha*)
   Abandonar la codicia ante lo material, el estatus, los conocimientos, los placeres y todo cuanto se busca solamente para satisfacerse uno mismo. En cambio, es bueno compartir la felicidad y dar de lo que se tiene sin desear recompensas. Entre más se done, más fácilmente se aleja la codicia y la mente se vuelve flexible, fuerte y libre.

6. No enojo (*adosa*)
   Es la voluntad de tener benevolencia para con todos los seres vivos, disminuyendo así el enojo. Si se cultiva *adosa*, se puede mantener la calma, aunque se reciban ofensas de otros. La clave es no juzgar a los demás según un criterio personal y mantener una mente bondadosa.

7. Neutralidad de la mente (*tatramajihattata*)
   Mantener la mente serena. Tener objetividad y neutralidad. La clave está en no esperar recompensas. Cuando se cultiva *tatramajihattata*, uno puede sentirse tranquilo y generoso y tratar a todos los seres sin discriminación.

8. Tranquilidad corporal (*kayapassaddhi*)
   Es el estado relajado del cuerpo. Un estado natural. Este factor es la contraparte de *cittapassaddhi*, por eso el cuerpo relajado influye en la mente de forma positiva.

9. Tranquilidad mental (*cittapassaddhi*)
Es el estado relajado de la mente. Es el factor contraparte de *kayapassaddhi*, por eso la mente rejalada influye en el cuerpo de forma positiva.

10. Levedad corporal (*kayalahuta*)
Es el estado energético y activo del cuerpo.

11. Levedad mental (*cittalahuta*)
Es el estado alegre y activo de la mente.

12. Maleabilidad corporal (*kayamuduta*)
Tener el cuerpo elástico, sin tensión ni dolor.
Es como lo que un deportista profesional tiene, gran elasticidad y habilidad física. También se requiere de una flexibilidad como la del bambú para lograr un crecimiento fuerte.

13. Maleabilidad mental (*cittamuduta*)
Es lo opuesto a la terquedad. Maleabilidad mental es adaptarse conforme a los cambios del entorno, como el agua que cambia su forma según la forma del recipiente. A quien puede adaptarse a cualquier

circunstancia se le facilita más la vida y puede desarrollar mejor sus capacidades.

14. Adaptabilidad corporal (*kayakammaññata*)
Es un estado adecuado para actuar. Un estado preparado para la siguiente acción. Un estado corporal eficiente y activo.

15. Adaptabilidad mental (*cittakammaññata*)
Es un estado semejante al de un experto en artes marciales que dice: "Atácame donde quieras y como quieras". Un estado capaz de cumplir cualquier misión necesaria. Quienes son excelentes en el trabajo, en el deporte o en cualquier campo tienen adaptabilidad mental, además de maleabilidad corporal.

16. Eficiencia corporal (*kayapaguññata*)
Eficiencia es otra palabra para decir madurez. Saber qué hacer para lograr el éxito y ejecutarlo a tiempo. El éxito se logra cuando funcionan juntas la adaptabilidad y la eficiencia. En cualquier campo, alguien que se diga profesional tiene ambas cualidades.

17. Eficiencia mental (*cittapaguññata*)
Cuando uno es maduro física y mentalmente se vuelve, ante todo, un experto que logra adaptarse a cualquier situación en su propio campo. Por la acumulación de práctica y experiencia se logra desarrollar *cittapaguññata*, que aumenta con *kayapaguññata*.

18. Rectitud corporal (*kayujjukata*)
Tener la fuerza para cumplir con algo sin rendirse. Actuar por un propósito. Es una actitud para ejecutar algo con voluntad y firmeza, sin indecisión ni ociosidad.

19. Rectitud mental (*cittujjukata*)
Es un espíritu que nunca se rinde, aunque fracase varias veces. Es esencial para el crecimiento personal.

20 Palabra correcta (*sammavaca*)
En el budismo se prohíben estrictamente las mentiras, hablar mal de otros, la violencia verbal, la palabrería, etcétera. Además se recomienda lo contrario, que es abstenerse de todo ello. El cerebro no puede distinguir

la dirección de las palabras ofensivas ni quién las dice, así que se daña al escucharlas. Por lo tanto, hay que usar siempre un lenguaje correcto, sin dejarse afectar tampoco por las malas palabras que pronuncien los demás.

21. Conducta correcta (*sammakammanto*)
Abstenerse de una conducta incorrecta. Actuar sin dañarse a sí mismo, a los demás o a la sociedad. Asumir la responsabilidad de la propia conducta y no hacer algo que pueda causar infelicidad a otros.

22. Trabajo correcto (*sammaajivo*)
Es abstenerse de cualquier trabajo incorrecto. *Sammaajivo* significa "labores que vinculan las vidas". Aunque trabajamos para vivir, no debemos hacer algo que dañe o moleste la vida de los demás ni de uno mismo. Hay trabajos que brindan una cuantiosa ganancia material, pero esta es temporal y a largo plazo puede contaminar la mente. Buda prohibió matar, robar, tener relaciones sexuales inapropiadas, la violencia verbal, producir y vender armas, alcohol

o drogas, así como la compraventa de animales, entre otras cosas.

23. Compasión (*karuna*)
Acompañar a otros en su dolor. Es una energía útil para salvar a los demás. *Karuna* es el factor que cultiva la bondad. Cuando se posee, cuerpo y mente se llenan de energía positiva y saludable.

24. Alegría (*mudita*)
Felicitar a los demás por su virtud o por algún acontecimiento en particular, por ejemplo: un amigo que ascendió en su trabajo, que se casó o que tendrá un bebé. Alegrarse por los otros es más difícil de lo que supondríamos debido al hábito de compararnos con los demás y a la envidia que sentimos.

25. Facultad de sabiduría (*pannaduria*)
Es el factor que se considera más importante en el budismo. Es la capacidad de reconocer al mundo tal como es, sin subjetividad ni ilusión. Al obtener esa sabiduría, otros factores también funcionan correctamente. Cultivarla requiere de una práctica

constante. El budismo es un método práctico para liberarse del apego, que es causa de sufrimiento, y para lograr observar al mundo reconociéndolo tal como es. Así debe cultivarse la sabiduría.

Los trece básicos

Hay siete factores universales del funcionamiento básico de nuestra mente. Agregando los otros seis factores particulares, podemos conocer claramente el mecanismo por el cual reconocemos al mundo.

1. Contacto (*phassa*)
   Es cuando la consciencia toca mentalmente al objeto. Cada uno de los seis órganos —ojo, oído, nariz, lengua, piel y mente— tiene sensaciones: color y figura, sonido, olor, sabor, tacto, temperatura y concepto. A través de esos contactos, la mente reconoce los objetos.

2. Sensación (*vedana*)
   El sentir al tocar. Aunque se toque, si no se siente, no se reconoce aquello. A manera de símil, es como cuando

escuchas una música que te gusta, te pone feliz, pero cuando ves a alguien que odias, te sientes mal.

3. Percepción (*saññа*)
Es como hacer marcas o anotaciones. Es semejante a reunir impresiones sobre un objeto antes de verbalizarlo. Por ejemplo, cuando ves una flor de cerezo y las hojas de arce, distingues las diferencias; o cuando ves una fruta roja y redonda colgada de una rama, distingues que es una manzana. Es hacer marcas antes de verbalizar.

4. Volición (*cetaña*)
Es una función mental que provoca la acción. La volición surge impulsivamente. Los seres humanos ejecutan lo que piensan y todos los actos se deciden por la voluntad de uno. *Cetaña* es una idea de hacer algo. Cuando una *cetaña* es intensa se le llama *ambición*, y a las que no son tan fuertes se les llama *intención*.

5. Unificación (*ekaggata*)
   Es la unificación de la mente en el objeto. Cuando los seis órganos —ojo, oído, nariz, lengua, piel y mente— tocan sensaciones —color y figura, sonido, olor, sabor, tacto, temperatura y concepto—, el cuerpo y la mente se unifican con el objeto. Es diferente a la concentración. Es un estado mental que se enfoca en diversos objetos continuamente, pero en constante cambio. Si se cultiva *ekaggata* se transforma en concentración; en ausencia de esto, es distracción.

6. Facultad vital (*jivitindriya*)
   Es un funcionamiento en constante cambio. En el budismo se piensa en todo distinguiendo entre lo material y lo mental. Así, la energía vital se concibe en dos aspectos, el corporal y el mental. Vivir es la repetición del ciclo metabólico, el ciclo de la vida y la muerte a nivel celular. Cuando ese ciclo se detiene, uno muere. La mente también tiene un ciclo vital momento a momento y se repite. *Jivitindriya* es una facultad vital en repetición constante.

7. Atención (*manasikhara*)
"¿Qué es eso?". "¡Vamos a jugar!". "Tengo que ir por un mandado". Cuando dices esas frases, la mente está dirigiendo al objeto una impresión fuerte. *Manasikhara* funciona para provocar esa mentalidad. Mucha gente vive arrastrada por la cognición de los factores mentales, no vive firmemente por su propia voluntad. Buda nos predicó que "vivamos con voluntad recta; si logras controlar tu mente, puedes vivir con libertad".

8. Aplicación inicial (*vitakka*)
Es la capacidad de procesar información para distinguir y reconocer objetos de forma inmediata. "¿Qué es esto?". "¿Qué suena?". Esas preguntas surgen porque se está procesando información sobre un objeto de manera lógica e inmediata. Si algo no importa, no surge *vitakka*.

9. Aplicación sostenida (*vicara*)
Es mantener la mente fija en un objeto. Es la contraparte de *vitakka*. Mientras que, por ejemplo, *vitakka* pregunta "¿qué es esto?" y se contesta "es una mariposa", *vicara* dirá "nunca he visto este tipo de mariposa". Cuestiona cuando tiene un interés fuerte sobre un objeto. Es un factor que funciona cuando uno quiere comprender algo con más claridad.

10. Interés (*adhimokkha*)

Es un factor que capta la atención y puede transformarse en concentración o en apego. “Quiero solucionar este problema”. “¿Por qué dijo eso fulano?”. “Muero de ganas por tener un auto nuevo”. “¿Dónde vivirá esa muchacha?”. Ya sea en modo positivo o negativo, cuando uno está muy interesado en algo, está funcionando *adhimokkha*.

11. Esfuerzo (*viriya*)

Es esforzarse. Es una energía dirigida hacia un objetivo. Los seres humanos son fácilmente arrastrados por los tres venenos —codicia, ira e ignorancia—, por eso no se liberan y no pueden lograr un objetivo. Cuando se cultiva *viriya*, se obtiene firmeza y una mayor capacidad para librarse de los obstáculos y alcanzar una meta. Sin embargo, cuando uno se aferra a un objetivo material sin esforzarse por mantener la mente pura, puede caer en un círculo vicioso.

12. Interés placentero (*piti*)

Es el placer como un motor para vivir. “¡Qué rico!”. “¡Qué alegría!”. “¡Qué divertido!”. Para conseguir esos placeres podemos hacer esfuerzos. Sin embargo, hay un límite en los placeres que se pueden obtener a través de los cinco sentidos, y si el cuerpo recibe estímulos constantemente, puede paralizarse. Aunque haya sorpresa al probar cierta comida la primera vez, si la comes muchas veces, te aburrirás. No es necesario buscar constantemente estímulos desperdiciando tiempo y dinero. Podemos encontrar muchos tipos de placer en la vida cotidiana.

13. Deseo de hacer (*chanda*)
Es el deseo y la energía para realizar una acción. Si tal deseo está en un nivel bajo, puede ser muy difícil tomar acción. Además, *chanda* puede funcionar en cuanto a lo positivo y lo negativo. La práctica budista se trata de disminuir la *chanda* para lo malo y cultivar el *chanda* para el crecimiento personal. Si cultivas chanda correctamente, podrás lograr muchos buenos resultados.